泥融飞燕子，沙暖睡鸳鸯。

清香袅袅月夜来,花开芬芳填夜台。

小小葫芦,生来不大身材矮。

蝉噪林逾静,鸟鸣山更幽。

只道花无十日红,此花无日不春风。

野鸦无意绪,
鸣噪自纷纷。

会当凌绝顶,
一览众山小。

白面谁家钰钰香，饺儿元宝入口粮。

叶圣陶讲给孩子的写作课

④ 写景篇

叶圣陶 著

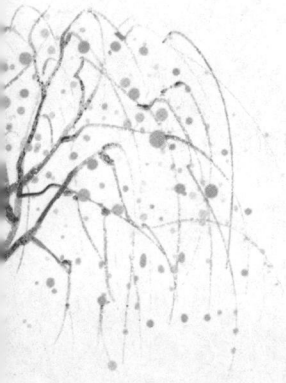

开明出版社

·北京·

图书在版编目（CIP）数据

叶圣陶讲给孩子的写作课. 写景篇 / 叶圣陶著.
北京：开明出版社，2025. 7. -- ISBN 978-7-5131
-9633-8

Ⅰ. G634.343

中国国家版本馆 CIP 数据核字第 2025SG3805 号

责任编辑：卓　玥

YESHENGTAO JIANGGEI HAIZI DE XIEZUOKE

叶圣陶讲给孩子的写作课

作　　者：叶圣陶　著
出　　版：开明出版社
　　　　　（北京市海淀区西三环北路25号 邮编100089）
印　　刷：三河市兴达印务有限公司
开　　本：880mm×1230mm 1/32
成品尺寸：145mm×210mm
印　　张：44.5
字　　数：718千字
版　　次：2025年7月第1版
印　　次：2025年7月第1次印刷
定　　价：198.00元（全八册）

印刷、装订质量问题，出版社负责调换。联系电话：（010）88817647

目录

叶圣陶精讲
002　景物描写
005　我所知道的康桥

叶圣陶佳作展示
012　记游洞庭西山
018　《苏州园林》序
023　记金华的双龙洞
029　登雁塔
039　游临潼
051　参观苏北水利工程
054　林区二日记
062　从西安到兰州
072　坐羊皮筏到雁滩

080　登赐儿山

083　我坐了木船

087　游了三个湖

096　坝上一天

102　黄山三天

108　涿鹿的劈山大渠

115　闽游所得

120　看月

122　游中山陵记

123　浙江潮

125　海上的朝阳

127　完全是春天

129　风景片《黄山》解说词

133　从《扬州园林》说起

141　《倪焕之》节选

143　《游泳》节选

144　《在民间》节选

145 《晨》节选

146 《微波》节选

147 《夏夜》节选

148 卖花女

150 白马湖的冬天

152 孙中山先生的故居

叶圣陶精讲

景物描写

凡是我们所经验的事物，都可以供我们描写。其中尤其重要的是景物和人物：因为景物环绕着我们，常常影响到我们的情思和行动；人物是一切事物的发动者，没有人物也就不会有事情。现在我们说到描写，就把景物和人物两项特别讲述。

看到"景物"两字，往往联想到山明水秀、风景佳胜的所在；又好像这两字所指的纯属自然界方面，人为的一切环境都不在其内。但我们这里并不取这样的狭义。我们把环绕着我们的境界都称为景物，自然的山水固然是景物，人为的房屋和市街也莫非景物。这当然不专指美丽的、赏心的而言，就是丑恶的、恼人的也包括在内。

描写景物，第一要选定自己的观点。或者是始终固定的，就好比照相家站定在一个地位，向四周的景物拍许多照片；或者是逐渐移动的，就好比照相家步步前进，随时向周围的景物拍几张照片。观点不同，对于景物的方位、物像的形态、光线的明暗等等都有关系。我们如果对着实际的景物动笔，这一些项目只要抬起头来看就可以知道，自然不成问题。但在凭着以往的经验写作的时候，如游历归来以后写作游记，这些项目就不能一看而知：倘若不在记忆中选定自己的观点，往往会弄到方位不明，形态失真，明暗无准；那就离开描写两字很远了。

第二要捉住自己的印象。说得明白一点，就是眼睛怎样看见就怎样写，耳朵怎样听见就怎样写，内心怎样感念就怎样写。"月光如流水一般，静静地泻在一片叶子和花上"，把视觉的印象捉住了；"轻轻地推门进去，什么声息也没有"，把听觉的印象捉住了；"这一片天地好像是我的；我也像超出了平常的自己，到了另一个世界里"，把意识界的印象捉住了。因为捉得住印象，能够把自己和景物接触时候的光景表达出来，所以这几句都是很好的描写。反过来想，就可以知道凡不注意自己和景物接触时候的光景，捉不住什么印象，而只把一些概念写入文章中去，那决不是好的描写。如庸俗的新闻记者记述任何会场的情景，总说"到者数百人，某某某某登台演说，发挥颇为详尽"；又如不肯多用一点心思的学生，你叫他描写春景，他提起笔来总是"山明水秀，柳绿桃红"。"到者数百人……"只是新闻记者平时对于会场的概念，"山明水秀……"只是学生平时对于春景的概念，其中并没有当时的印象，所以不能把会场的空气和春景的神态描写出来。

还有一层应该知道，就是描写虽然可以用形容词和副词，但不能专靠着形容词和副词。像"美丽""高大"等形容词，"非常""异样"等副词，如果取供描写之用，效果是很有限的；因为这些词并不具体，你就是用上一串的"美丽"或"非常"，人家也无从得到实感。有时候不用一个形容词或副词来描写，只说一句极简单的话，但因为说得具体，却使人家恍如亲历。如不说"寂静"而说"什么声息也没有"，就是一个例子。——描写须要具体，不独对于景物，对于其他也如此。

我所知道的康桥

徐志摩

……我那时有的是闲暇,有的是自由,有的是绝对单独的机会。说也奇怪,竟像是第一次,我辨认了星月的光明,草的青,花的香,流水的殷勤。我能忘记那初春的睥睨吗?曾经有多少个清晨我独自冒着冷去薄霜铺地的林子里闲步——为听鸟语,为盼朝阳,为寻泥土里渐次苏醒的花草,为体会最微细最神妙的春信。啊,那是新来的画眉在那边凋不尽的青枝上试它的新声!啊,这是第一朵小雪球花挣出了半冻的地面!啊,这不是新来的潮润沾上了寂寞的柳条?

静极了,这朝来水溶溶的大道,只远处牛奶车的铃声,点缀这周遭的沉默。顺着这大道走去,走到尽头,再转入林子里的小径,往烟雾浓密处走去,头顶是交枝的榆荫,透露着漠楞楞的曙色;再往前走去,走尽这林子,当前是平坦的原野,望见了村舍,初青的麦田,更远三两个馒形的小山掩住了一条通道。天边是雾茫茫的，尖尖的黑影是近村的教寺。听，那晓钟和缓的清音。这一带是此邦中部的平原，地形像是海里的轻波，默沉沉的起伏；山岭是望不见的，有的是常青的草原与沃腴的田壤。登那土阜上望去，康桥只是一带茂林，拥戴着几处娉婷的尖阁。妩媚的康河也望不见踪迹，你只能循着那锦带似的林木想象那一流清浅。村舍与树林是这地盘上的棋子，有村舍处有佳荫，有佳荫处有村舍。这早起是看炊烟的时辰：朝雾渐渐的升起，揭开了这灰苍苍的天幕（最好是微霰后的光景）远近的炊烟，成丝的，成缕的，成卷的，轻快的，迟重的，浓灰的，淡青的，惨白的，在静定的朝气里渐渐的上腾，渐渐的不见，仿佛是朝来人们的祈祷，参差的翳入了天听。朝阳是难得见的，这初春的天气。但它来时是起早人莫大的愉快。顷刻间这田野添深了颜色，一层轻纱似的金粉糁上了这草，这树，这通道，这庄舍。顷刻间这周遭弥漫了清晨富丽的暖柔。顷刻间你的心怀也分润了白天诞生的光荣。"春！"这胜利的晴空仿佛在你的耳边私语。"春！"你那快活的灵魂也仿佛在那里回响。

  伺候着河上的风光，这春来一天有一天的消息。关心石上的苔痕，关心败草里的花鲜，关心这水流的缓急，关心水草的滋长，关心天上的云霞，关心新来的鸟语。怯怜怜的小雪球是探春信的小使。铃兰与香草是欢喜的初声。窈窕的莲馨，玲珑的石水仙，爱热闹的克罗克斯，耐辛苦的蒲公英与雏菊——这时候春光已是烂缦在人间，更不烦殷勤问讯。

  瑰丽的春光，这是你野游的时期。可爱的路政，这里不比中国，哪一处不是坦荡荡的大道？徒步是一个愉快，但骑自转车是一个更大的愉快。在康桥骑车是普遍的技术；妇人，稚子，老翁，一致享受这双轮舞的快乐。（在康桥听说自转车是不怕人偷的，就为人人都自己有车，没人要偷。）任你选一个方向，任你上一条通道，顺着这带草味的和风，放轮远去，保管你这半天的逍遥是你性灵的补剂。这道上有的是清荫与美草，随地都可以供你休憩。你如爱花，这里多的是锦绣似的草原。你如爱鸟，这里多的是巧啭的鸣禽。你如爱儿童，这乡间到处是可亲的稚子。你如爱人情，这里多的是不嫌远客的乡人，你到处可以"挂单"借宿，有酪浆与嫩薯供你饱餐，有夺目的果鲜恣你尝新。你如爱酒，这乡间每"望"都为你储有好的新酿，黑啤如太浓，苹果酒姜酒都是供你解渴润肺的。……带一卷书，走十里路，造一块清静地，看天，听鸟，读书，倦了时，和身在草绵绵处寻梦去——你能想象更适情更适性的消遣吗？……

前面的文章是徐志摩先生的《我所知道的康桥》的一部分，全篇太长，只能截取。这是记叙景物的文章。记叙景物手法不止一种。有的作者自己不露脸，只用文字代替风景画片，一张一张揭示出来给读者看。有的作者自己担任篇中的主人公，他东奔西跑，左顾右盼，一切由他出发，把看见的感到的告诉读者。后一种当然是作者接触过景物以后才动手的。前一种作者自己虽然不露脸，但是也要接触过景物才能动手。再不然，作者对于景物也得有了详明的知晓，才可以对读者尽介绍和指导的责任。所以，记叙景物的文章无论用哪一种手法写，接触或知晓是根本的条件。

一望而知，本篇所用的是后一种手法。作者对于景物不只是接触或知晓，他比接触或知晓更进一步，简直曾经沉溺在康桥的景物中间。因此，他告诉读者的不单是呆板的景物，而是景物怎样招邀他，引诱他，他怎样为景物所颠倒，所陶醉。换一句说，他告诉读者的是他和康桥的一番永不能忘的交情。这就规定了他所采用的笔调。要是他采用冷静的严正的笔调，说不定会把这一番交情写得索然无味。他不得不采用一种热情的活泼的笔调，像对着一个极熟的朋友，无所不谈，没有一点儿拘束，谈到眉飞色舞的时候，无妨指手画脚，来几声传神的愉快的叫唤。读者读了前面的文章，不是有这样的感觉吗？

读者一定会注意到这一篇里使用着许多重复的语调。如前面的第一节里，就有这样语调重复的四组："有的是闲暇，有的是自由，有的是绝对单独的机会。""我辨认了星月的光明草的青，花的香，流水的殷勤。""为听鸟语，为盼朝阳，为寻泥土里渐次苏醒的花草，为体会最微细最神妙的春信。""啊，那是新来的画眉在那边调不尽的青枝上试它的新声！啊，这是第一朵小雪球花挣出了半冻的地面！啊，这不是新来的潮润沾上了寂寞的柳条？"以下几节里，这样语调重复的还有些处。语调重复，引起读者一壁经作者指点，一壁在听着叙述的感觉。尤其是三个"啊"字的一组，仿佛读者也置身其境，一同在那里听画眉的新声，一同在那里发现第一朵的小雪球花，同在那里看新来的潮润沾上了寂寞的柳条。所谓热情和活泼就从这种地方见出（虽然热情的、活泼的笔调并不限于使用重复的语调）。

读者又一定会注意到，在前面的末一节里，出现了许多的"你"字。这个"你"是谁？就是这篇文章的读者；更推广开来说，这个"你"也就是作者自己，也就是"我"。为什么指称着读者,"你"呀"你"地写述呢?为什么分身为二,把自己也称作"你"呢?一般文章是以读者为对象的,执笔写文章,好比面对着读者说话,虽然不用"你"字,实在却随处有"你"的意思含在里头。现在明白地把读者称作"你",就见得格外亲切,仿佛作者与读者之间有着亲密的友谊,素来是"尔汝相称"的。又,这一节所写的原是作者不想独自占有这些经验,他拿来贡献给读者,于是用个"你"字换去了"我"字。这样一换,使读者读了更觉得欢欣鼓舞,禁不住凝神而想:"如果身在康桥,这种快乐完全是我的!"使用"你"字虽然有这样两种作用,但是作者并不是故意弄什么花巧,而是我们的语言本来有这样的习惯。作者适宜地应用了语言的习惯,也是构成他热情的活泼的笔调的一个因素。

  这篇文章使读者增进了观察景物的眼力。它告诉你一些观览的法门,如探听河上的春信,就得"关心石上的苔痕,关心败草里的花鲜,关心这水流的缓急,关心水草的滋长,关心天上的云霞,关心新来的鸟语"。这些不但对于观览有用,也是研究自然的门径。

叶圣陶佳作展示

记游洞庭西山

四月二十三日,我从上海回苏州,王剑三兄要到苏州玩儿,和我同走。苏州实在很少可以玩儿的地方,有些地方他前一回到苏州已经去过了,我只陪他看了可园、沧浪亭、文庙、植园以及顾家的怡园,又在吴苑吃了茶,因为他要尝尝苏州的趣味。二十五日,我们就离开苏州,往太湖中的洞庭西山。

洞庭西山周围一百二十里,山峰重叠。我们的目的地是南面沿湖的石公山。最近看到报上的广告,石公山开了旅馆,我们才决定到那里去。如果没有旅馆,又没有住在山上的熟人,那就食宿都成问题,洞庭西山是去不成的。

上午八点,我们出胥门,到苏福路长途汽车站候车。苏福路从苏州到光福,是商办的,现在还没有全线通车,只能到木渎。八点三刻,汽车到站,开行半点钟就到了木渎,票价两毛。经过了市街,开往洞庭东山的裕商小汽轮正将开行,我们买西山镇夏乡的票,每张五毛。轮行半点钟出胥口,进太湖。以前在无锡鼋(yuán)头渚,在邓尉还元阁,只是望望太湖罢了,现在可亲身在太湖的波面,左右看望,浑黄的湖波似乎尽量在那里涨起来,远处水接着天,间或界着一线的远岸或是断断续续的远树。晴光照着远近的岛屿,淡蓝、深翠、嫩绿,色彩不一,眼界中就不觉得单调,寂寞。

十二点一刻到达西山镇夏乡,我们跟着一批西山人登岸。这里有码头,不像先前经过的站头,登岸得用船摆渡。码头上有人力车,我们不认识去石公山的路,就坐上人力车,每辆六毛。和车夫闲谈,才知道西山只有十辆人力车,一般人往来难得坐的。车在山径中前进,两旁尽是桑树、茶树和果木,满眼的苍翠,不常遇见行人,真像到了世外。果木是柿、橘、梅、杨梅、枇杷。梅花开的时候,这里该比邓尉还要出色。杨梅干枝高大,屈伸有姿态,最多画意。下了几回车,翻过了几座不很高的岭,路就围在山腰间,我们差不多可以抚摩左边山坡上那些树木的顶枝。树木以外就是湖面,行到枝叶茂密的地方,湖面给遮没了,但是一会儿又露出来了。

十二点三刻,我们到了石公饭店。这是节烈祠的房子,五间带厢房,我们选定靠西的一间地板房,有三张床铺，价两元。节烈祠供奉全西山的节烈妇女，门前一座很大的石牌坊，密密麻麻刻着她们的姓氏。隔壁石公寺，石公山归该寺管领。除开一祠一寺，石公山再没有房屋，唯有树木和山石而已。这里的山石特别玲珑，从前人有评石三字诀叫做"皱、瘦、透"，用来品评这里的山石，大部分可以适用。人家园林中有了几块太湖石，游人就徘徊不忍去，这里却满山的太湖石，而且是生着根的，而且有高和宽都达几十丈的，真可以称大观了。

饭店里只有我们两个客，饭菜没有预备，仅能做一碗开阳蛋汤。一会儿茶房高兴地跑来说，从渔人手里买到了一尾鲫鱼，而且晚饭的菜也有了，一小篮活虾，一尾很大的鲫鱼。问可有酒，有的，本山自制，也叫竹叶青。打一斤来尝尝，味道很清，只嫌薄些。

吃罢午饭，我们出饭店，向左边走，大约百步，到夕光洞。洞中有倒挂的大石，俗名倒挂塔。洞左右壁上刻着明朝人王鏊所写的"寿"字，笔力雄健。再走百多步，石壁绵延很宽广，题着"联云嶂"三个篆字。高头又有"缥缈云联"四字，清道光间人罗绮的手笔。从这里向下到岸滩，大石平铺，湖波激荡，发出汩（gǔ）汩的声音。对面青青的一带是洞庭东山，看来似乎不很远,但是相距十八里呢。这里叫做明月浦,月明的时候来这里坐坐,确是不错。我们照了相,回到山上,从所谓一线天的裂缝中爬到山顶。转向南往下走,到来鹤亭,下望节烈祠和石公寺的房屋,整齐,小巧,好像展览会中的建筑模型。再往下有翠屏轩。出石公寺向右,经过节烈祠门首,到归云洞。洞中供奉山石雕成的观音像,比人高两尺光景,气度很不坏,可惜装了金,看不出雕凿的手法。石公全山面积一百八十多亩,高七十多丈,不过一座小山罢了,可是山石好,树木多,就见得丘壑幽深,引人入胜。

  回饭店休息了一会儿,我们雇一条渔船,看石公南岸的滩面。滩石下面都有空隙,波涛冲进去,作鸿洞的声响,大约和石钟山同一道理。渔人问还想到哪里去,我们指着南面的三山说,如果来得及回来,我们想到那边去。渔人于是张起风帆来。横风,船身向右侧,船舷下水声哗哗哗。不到四十分钟,就到了三山的岸滩。那里很少大石,全是磨洗得没了棱角的碎石片。据说山上很有些殷实的人家,他们备有枪械自卫,子弹埋在岸滩的芦苇丛中,临时取用,只他们自己有数。我们因为时光已晚,来不及到乡村里去,只在岸滩照了几张照片,就迎着落日回船。一个带着三弦的算命先生要往西山去，请求附载，我们答应了。这时候太阳已近地平线，黄水染上淡红，使人起苍茫之感。湖面渐渐升起烟雾，风力比先前有劲，也是横风，船身向左侧，船舷下水声哗哗哗，更见爽利。渔人没事，请算命先生给他的两个男孩子算命。听说两个都生了根，大的一个还有贵人星助命，渔人夫妻两个安慰地笑了。船到石公山，天已全黑。坐船共三小时，付钱一块二毛。饭店里特地为我们点了汽油灯，喝竹叶青，吃鲫鱼和虾仁，还有咸芥菜，味道和白马湖出品不相上下。九时熄灯就寝。听湖上波涛声，好似风过松林，不久就入梦。

二十六日早上六时起身。东南风很大，出门望湖面，皱而暗，随处涌起白浪花。吃过早餐，昨天约定的人力车来了，就离开饭店，食宿小账共计六块多钱。沿昨天来此的原路，我们向镇夏乡而去。淡淡的阳光渐渐透出来，风吹树木，满眼是舞动的新绿。路旁遇见采茶妇女，身上各挂一只篾篓，满盛采来的茶芽。据说这是今年第二回采摘，一年里头，不过采摘四五回罢了。在镇夏乡寄了信，走不多路，到林屋洞，洞口题"天下第九洞天"六个大字。据说这个洞像房屋那样有三进，第一进人可以直立，第二三进比较低，须得屈身而行。再往里去，直通到湖广。凡有山洞处，往往有类似的传说，当然不足凭信。再走四五里，到成金煤矿，遇见一个姓周的工头，峄县人，和剑三是大同乡，承他告诉我们煤矿的大概，这煤矿本来用土法开采，所出烟煤质地很好，运到近处去销售，每吨价六七块钱，比远来的煤便宜得多。现在这个矿归利民矿业公司经营，占地一万七千亩。目前正在开凿两口井，一口深十六丈，又一口深三十丈，彼此相通。一个月以后开凿成功，就可以用机器采煤了。他又说，西山上除开这里，矿产还很多呢。他四十三岁，和我同年，跑过许多地方，干了二十来年的煤矿，没上过矿业学校，全凭实际得来的经验，谈吐很爽直，见剑三是同乡，殷勤的情意流露在眉目间。剑三给他照了个相，让他站在他亲自开凿的井旁边。回到镇夏乡正十一点。付人力车价，每辆一块二毛半。在面馆吃了面，买了本山的碧螺春茶叶，上小茶楼喝了两杯茶，向附近的山径散步了一会儿，这才挨到午后两点半。裕商小汽轮靠着码头，我们冒着狂风钻进舱里，行到湖心，颠簸摇荡，仿佛在海洋里。全船的客人不由得闭目垂头，现出困乏的神态。

《苏州园林》序

一九五六年,同济大学出版陈从周教授编撰的《苏州园林》,园林的照片多到一百九十五张,全都是艺术的精品:这可以说是建筑界和摄影界的一个创举。我函购了这本图册,工作余闲翻开来看看,老觉得新鲜有味,看一回是一回愉快的享受。过了十八年,我开始与陈从周教授相识,才知道他还擅长绘画。他赠我好多幅松竹兰菊,全是佳作,笔墨之间透出神韵。我曾经填一阕《洞仙歌》谢他,上半专就他的《苏州园林》着笔,现在抄在这儿:"园林佳辑,已多年珍玩。拙政诸图寄深眷。想童时常与窗侣嬉游,踪迹遍山径楼廊汀岸。"这是说《苏州园林》使我回想到我的童年。

苏州园林据说有一百多处,我到过的不过十多处。其他地方的园林我也到过一些。倘若要我说说总的印象,我觉得苏州园林是我国各地园林的标本,各地园林或多或少都受到苏州园林的影响。因此,谁如果要鉴赏我国的园林,苏州园林就不该错过。

设计者和匠师们因地制宜，自出心裁，修建成功的园林当然各各不同。可是苏州各个园林在不同之中有个共同点，似乎设计者和匠师们一致追求的是：务必使游览者无论站在哪个点上，眼前总是一幅完美的图画。为了达到这个目的，他们讲究亭台轩榭的布局，讲究假山池沼的配合，讲究花草树木的映衬，讲究近景远景的层次。总之，一切都要为构成完美的图画而存在，决不容许有欠美伤美的败笔。他们唯愿游览者得到"如在图画中"的实感，而他们的成绩实现了他们的愿望，游览者来到园里，没有一个不心里想着口头说着"如在图画中"的。

我国的建筑，从古代的宫殿到近代的一般住房，绝大部分是对称的，左边怎么样，右边也是怎么样。苏州园林可绝不讲究对称，好像故意避免似的。东边有了一个亭子或者一条回廊，西边决不会来一个同样的亭子或者一道同样的回廊。这是为什么？我想，用图画来比方，对称的建筑是图案画，不是美术画，而园林是美术画，美术画要求自然之趣，是不讲究对称的。

苏州园林里都有假山和池沼。假山的堆叠可以说是一项艺术而不仅是技术。或者是重峦叠嶂，或者是几座小山配合着竹子花木，全在乎设计者和匠师们生平多阅历，胸中有丘壑，才能使游览者远望的时候仿佛观赏宋元工笔云山或者倪云林的小品，攀登的时候忘却苏州城市，只觉得在山间。至于池沼，大多引用活水。有些园林池沼宽敞，就把池沼作为全园的中心，其他景物配合着布置。水面假如成河道模样，往往安排桥梁。假如安排两座以上的桥梁，那就一座一个样，决不雷同。池沼或河道的边沿很少砌齐整的石岸，总是高低屈曲任其自然。还在那儿布置几块玲珑的石头，或者种些花草：这也是为了取得从各个角度看都成一幅画的效果。池沼里养着金鱼或各色鲤鱼，夏秋季节荷花或睡莲开放，游览者看"鱼戏莲叶间"，又是入画的一景。

苏州园林栽种和修剪树木也着眼在画意。高树与低树俯仰生姿。落叶树与常绿树相间，花时不同的多种花树相间，这就一年四季不感到寂寞。没有修剪得像宝塔那样的松柏，没有阅兵式似的道旁树：因为依据中国画的审美观点看，这是不足取的。有几个园里有古老的藤萝，盘曲嶙峋的枝干就是一幅好画。开花的时候满眼的珠光宝气，使游览者只感到无限的繁华和欢悦，可是没法细说。

游览苏州园林必然会注意到花墙和廊子。有墙壁隔着，有廊子界着，层次多了，景致就见得深了。可是墙壁上有砖砌的各式镂空图案，廊子大多是两边无所依傍的，实际是隔而不隔，界而未界，因而更增加了景致的深度。有几个园林还在适当的位置装上一面大镜子，层次就更多了，几乎可以说把整个园林翻了一番。

游览者必然也不会忽略另外一点，就是苏州园林在每一个角落都注意图画美。阶砌旁边栽几丛书带草。墙上蔓延着爬山虎或者蔷薇木香。如果开窗正对着白色墙壁，太单调了，给补上几竿竹子或几棵芭蕉。诸如此类，无非要游览者即使就极小范围的局部看，也能得到美的享受。

苏州园林里的门和窗，图案设计和雕镂琢磨功夫都是工艺美术的上品。大致说来，那些门和窗尽量工细而决不庸俗，即使简朴而别具匠心，四扇，八扇，十二扇，综合起来看，谁都要赞叹这是高度的图案美。摄影家挺喜欢这些门和窗，他们斟酌着光和影，摄成称心满意的照片。

苏州园林与北京的园林不同，极少使用彩绘。梁和柱子以及门窗阑干大多漆广漆，那是不刺眼的颜色。墙壁白色。有些室内墙壁下半截铺水磨方砖，淡灰色和白色对衬。屋瓦和檐漏一律淡灰色。这些颜色与草木的绿色配合，引起人们安静闲适的感觉。而到各种花开的时节,却更显得各种花明艳照眼。

可以说的当然不止以上写的这些,病后心思体力还差,因而不再多写。我还没有看见风光画报出版社的这册《苏州园林》,既承嘱我作序,我就简略地说说我所想到感到的。我想这一册的出版是陈从周教授《苏州园林》的继续,里边必然也有好些照片可以与我的话互相印证的。

1979年2月6日作

原载1979年《百科知识》第4期

记金华的双龙洞

今年四月十四日,我在浙江金华,游北山的两个岩洞,双龙洞和冰壶洞。洞有三个,最高的一个叫朝真洞,洞中泉流跟冰壶、双龙上下相贯通,我因为足力不济,没有到。

出金华城大约五公里到罗甸。那里的农业社兼种花,种的是茉莉、白兰、珠兰之类,跟我们苏州虎丘一带相类,但是种花的规模不及虎丘大。又种佛手,那是虎丘所没有的。据说佛手要那里的土培植,要双龙泉水灌溉,才长得好,如果移到别处,结成的佛手就像拳头那么一个,没有长长的指头,不成其为"手"了。

过了罗甸就渐渐入山。公路盘曲而上,工人正在填石培土,为巩固路面加工。山上几乎开满映山红,比较盆栽的杜鹃,无论花朵和叶子,都显得特别有精神。油桐也正开花,这儿一丛,那儿一簇,很不少。我起初以为是梨花,后来认叶子,才知道不是。丛山之中有几脉,山上砂土作粉红色,在他处似乎没有见过。粉红色的山，各色的映山红，再加上或深或淡的新绿，眼前一片明艳。

一路迎着溪流。随着山势，溪流时而宽，时而窄，时而缓，时而急，溪声也时时变换调子。入山大约五公里就到双龙洞口，那溪流就从洞里出来的。

在洞口抬头望，山相当高，突兀森郁，很有气势。洞口像桥洞似的作穹形，很宽。走进去，仿佛到了个大会堂，周围是石壁，头上是高高的石顶，在那里聚集一千或是八百人开个会，一定不觉得拥挤。泉水靠着洞口的右边往外流。这是外洞，因为那边还有个洞口，洞中光线明亮。

在外洞找泉水的来路，原来从靠左边的石壁下方的孔隙流出。虽说是孔隙，可也容得下一只小船进出。怎样小的小船呢？两个人并排仰卧，刚合适，再没法容第三个人，是这样小的小船。船两头都系着绳子，管理处的工友先进内洞，在里边拉绳子，船就进去，在外洞的工友拉另一头的绳子，船就出来。我怀着好奇的心情独个儿仰卧在小船里，遵照人家的嘱咐，自以为从后脑到肩背，到臀部，到脚跟，没一处不贴着船底了，才说一声"行了"。船就慢慢移动。眼前昏暗了，可是还能感觉左右和上方的山石似乎都在朝我挤压过来。我又感觉要是把头稍微抬起一点儿，准会撞破了额角，擦伤了鼻子。大约行了二三丈的水程吧（实在也说不准确），就登陆了，这就到了内洞。要不是工友提着汽油灯，内洞真是一团漆黑，什么都看不见。即使有了汽油灯，还只能照见小小的一搭地方，余外全是昏暗，不知道有多么宽广。工友以导游者的身份，高高举起汽油灯，逐一指点内洞的景物。首先当然是蜿蜒在洞顶的双龙，一条黄龙，一条青龙。我顺着他的指点看，有点儿像。其次是些石钟乳和石笋，这是什么，那是什么，大都据形状想象成仙家、动物以及宫室、器用，名目有四十多。这是各处岩洞的通例，凡是岩洞都有相类的名目。我不感兴趣，虽然听了，一个也没有记住。

有岩洞的山水多是石灰岩。石灰岩经地下水长时期的浸蚀，形成岩洞。地下水含有碳酸，石灰岩是碳酸钙，碳酸钙遇着水里的碳酸，就成酸性碳酸钙。酸性碳酸钙是溶解于水的，这是岩洞形成和逐渐扩大的缘故。水渐渐干的时候，其中碳酸分解成水和二氧化碳气体跑走，剩下的又是固体的碳酸钙。从洞顶下垂，凝成固体的，就是石钟乳，点滴积累，凝结在洞底的，就是石笋，道理是一样的。惟其如此，凝成的形状变化多端，再加上颜色各异，即使不比作什么什么，也就值得观赏。

在洞里走了一转,觉得内洞比外洞大得多,大概有十来进房子那么大。泉水靠右边缓缓地流,声音轻轻的。上源在深黑的石洞里。

查《徐霞客游记》,霞客在崇祯九年(一六三六年)十月初十日游三洞。郁达夫也到过,查他的游记,是一九三三年十一月十二日。达夫游记说内洞石壁上"唐宋人的题名石刻很多,我所见到的,以庆历四年的刻石为最古。……清人题壁,则自乾隆以后绝对没有了,盖因这里洞,自那时候起,为泥沙淤塞了的缘故"。达夫去的时候,北山才经整理,旧洞新辟。到现在又是二十多年了,最近北山再经整理,公路修起来了,休憩茶饭的所在布置起来了,外洞内洞收拾得干干净净。我去的那一天是星期日,游人很不少,工人、农民、干部、学生都有,外洞内洞闹哄哄的,要上小船得排队等候好一会儿。这种景象,莫说徐霞客,假如达夫还在人世,也一定会说二十年前决想不到。

我排队等候,又仰卧在小船里,出了洞。在外洞前边休息了一会儿,就往冰壶洞。根据刚才的经验,知道洞里潮湿,穿布鞋非但容易湿透,而且把不稳脚。我就买一双草鞋,套在布鞋上。

从双龙洞到冰壶洞有石级。平时没有锻炼，爬了三五十级就气呼呼的，两条腿一步重一步了，两旁的树木山石也无心看了。爬爬歇歇直到冰壶洞口，也没有数一共多少级，大概有三四百级吧。洞口不过小县城的城门那么大，进了洞就得往下走。沿着石壁凿成石级，一边架设木栏杆以防跌下去，跌下去可真不是玩儿的。工友提着汽油灯在前边引导，我留心脚下，踩稳一脚再挪动一脚，觉得往下走也不比向上爬轻松。

忽然听见水声了，再往下没有多少步，声音就非常大，好像整个洞里充满了轰轰的声音，真有逼人的气势，就看见一挂瀑布从石隙吐出来，吐出来的地方石势突出，所以瀑布全部悬空，上狭下宽，高大约十丈。身在一个不知道多么大的岩洞里，凭汽油灯的光平视这飞珠溅玉的形象，耳朵里只听见它的轰轰，脸上手上一阵阵地沾着飞来的细水滴，这是平生从未经历的境界，当时的感受实在难以描述。

再往下走几十级，瀑布就在我们上头，要抬头看了。这时候看见一幅奇景，好像天蒙蒙亮的辰光正下急雨，千万支银箭直射而下，天边还留着几点残星。这个比拟是工友说给我听的，听了他说的，抬头看瀑布，越看越有意味。这个比拟比较把石钟乳比作狮子和象之类，意境高得多了。

在那个位置上仰望，瀑布正承着洞口射进来的光，所以不须照灯，通体雪亮，所谓残星，其实是白色石钟乳的反光。

这个瀑布不像一般瀑布，底下没有潭，落到洞底就成伏流，是双龙洞泉水的上源。

现在把徐霞客记冰壶洞的文句抄在这里，以供参证。"洞门仰如张吻。先投杖垂炬而下，滚滚不见其底。乃攀隙倚空入其咽喉。忽闻水声轰轰，愈秉炬从之，则洞之中央，一瀑从空下坠，冰花玉屑，从黑暗处耀成洁采。水穴石中，莫稔（rěn）所去。复秉炬四穷，其深陷逾于朝真，而屈曲少逊（xùn）。"

1957年10月25日作

原载《旅行家》第11期

登雁塔

雁塔在西安城外东南面。那天上午十点，我们出西安南门往雁塔，远远望见好些正在兴修的建筑工程，木头构成的工作架跟林木相映衬。听说这些全是文教机关的房屋，西安南郊将来是个文化区。没打听究竟是哪些文教机关，单知道其中有个体育运动场，面积七百多亩，有田径赛场、各种球场、风雨操场、滑冰场、游泳池，可以容纳观众十万人以上——规模够大了。

在以往历史上，有没有一个时期像今天这样在全国范围内搞基本建设的？且不说工矿方面的基本建设，单说机关、学校、公共场所的兴修，修成之后将在那里办理人民的公务，培养少年、青年乃至成人，使他们具有堪以献身的精神体魄，像今天这样的情形在以往历史上有过没有？我不曾下功夫查考，可是我敢于断定不会有。我这个断定从以往社会的性质而来。那时候无非兴修些帝王的宫殿、公侯的第宅、贵介的别墅，或者地主富商修些房子自己住，租给人家收租钱，等于放高利贷，再就是勉强过得去的人家搭这么三间两间聊蔽风雨。除此而外，哪儿会有为了群众的利益招工动众，大规模地兴修房屋的？

这么想着，不觉雁塔早已在望。原地颇有高下，可是坡度极平缓，车行不感颠簸。不多久就到了雁塔所在的慈恩寺门前。

进门一望，只觉景象跟一般寺院不大一样。殿宇亭台不怎么宏大，空地特别宽广，又有栽得很整齐的林木、蒙络荫翳的灌木丛、略有丘壑之势的小土丘，树荫之下立着好些个埋葬僧人的小石塔，形制古朴有致。这就成个园林的布置，佛殿只是整个园林的一个组成部分，不像杭州的灵隐寺那样，一进门只见回廊、大殿、经院、僧房，虽然并不逼仄①，总叫人感觉不太舒畅。多数寺院都属于灵隐寺一派，而这个慈恩寺仿佛一座园林，我说它跟一般寺院不大一样就在此。这寺院当然不是唐朝的旧观，是眼前的这个布置尽够叫人满意了，何况单提慈恩寺这个名字就叫人发生历史的感情。这是玄奘法师翻译佛经的场所，寺里的雁塔是玄奘法师所倡修，玄奘法师那样艰苦卓绝地西行求法，那样绝对认真

---

① 逼仄（zè）：狭窄。

地搞翻译工作,永远是中国人的骄傲,永远是中国人的一种典范,谁信佛法谁不信佛法并没关系。

台阶两旁立着好些题名碑,题名的是明清两朝乡试中举的人。唐朝有新进士雁塔题名的故事,后代人似乎非摹仿一下不可,可是京城不在西安,新进士不会在西安会集,于是轮到新举人。写篇记,刻块碑,把名字附上,也算表示了他们的显荣和雅兴。看那些记文,说法都差不多。本来就是那么一回事,题材那么枯窘,有什么新鲜的意思好说的?我们不耐一一细看,我们登雁塔要紧。

雁塔在慈恩寺的后院。不知道实测究竟有多高,相传是三百尺,耸然立在那里。塔作方形,共七层,一层比一层缩进些,叫人起稳定之感。每层每面有个拱形的门框。最下一层的门框是进塔去的过道,东南西北四面都可以进去。从第二层起,四面门框全装栅栏,游人可以靠着栅栏眺望。我们从南面的拱门进去,走完过道,塔中心空无所有,只靠墙架着两架扶梯。扶梯作直角的曲折,几个曲折才到第二层。猜想所以架两架扶梯之故,一来是游人多的时候可以分散些,二来是最下一层地位宽,容得下两架扶梯,两架扶梯之外还大有回旋余地,你看,从第二层起就只一架扶梯了。

杜工部《同诸公登慈恩寺塔》诗中有"仰穿龙蛇窟,始出枝撑幽"的句子,写的正是从最下一层往上爬的印象。那里过道比较深,进去的光线不多,骤然走进去尤其觉得昏暗。于是杜老想象这么昏暗的所在该是龙蛇的窟穴吧。到了第二层,光线从四面而来,就觉得豁然开朗,出了"幽"境——"枝撑"指塔内的木材构筑。

第二层齐扶梯的顶铺地板,以上五层都一样。有了这地板,才可以走到拱门那里,爱望哪一面就往哪一面,又可以歇歇脚,透透气,再往上爬。要是没有这地板,扶梯接扶梯一直往上,且不说没法从从容容地眺望一番,开开眼界,就是从下朝上、从上朝下望望,那么一个又高又空的塔中心,那么些曲折不尽的扶梯,就够叫人目眩心惊腿软的了——地板稳定了游人的情绪,无论在哪一层,仿佛在一间楼房里似的。

同伴说我力弱,不必爬到第七层,爬这么两三层就可以了。我也想,如果要勉强而行——而且是过分地勉强,那当然不必。可是我升高一层歇一会儿,四面望望,再升高一层,虽然呼吸不怎么平静,心跳越来越强,两条腿越来越重,总还觉得支持得下,没有什么大不了,结果我居然爬上了第七层。可以说是勉强而行,然而不是过分地勉强。在某些场合——比游览重要得多的场合，只要意志坚强，有时候连过分地勉强也有所不避，勉强让意志给克服了，也无所谓勉强了。

在最高一层四望，因为天气浓阴，空中浮着云气，只觉一片混茫，正如杜老诗中所说的"俯视但一气"，南面既望不见终南山，朝西北望，贴近的西安城市也不太清楚。至于杜老所说的"七星在北户，河汉声西流"，那根本是想象，并非他登塔当时的实景。我们未尝不可以作同样的想象，这么想象就好像我们自身扩大了，其大无外的宇宙也不见得怎么大似的。

一层一层下去当然比上来容易，可是每下一层也得歇一歇，免得头昏眼花。出了最下一层的拱门，我们坐在台阶上休息。坐不久又不免站起来看看，原来拱门内过道的石壁上全是刻字，起初挤在游人丛中急于登塔，竟不曾留意。刻的大多是诗篇，各体的诗，各体的书法，各个朝代的年号，还有各个风雅的题壁人的名字。这且不说，单说一点。后代的题壁人见壁上早已刻满，再没空地位，就把自己的文字刻在前代人的题壁上，你小字，我大字，你细笔画，我粗笔画，总之，抹杀你的，光有我的。这样强占豪夺的风雅，未免风雅过分了。

最下一层四面拱门的门楣上都有石刻画，我以为最值得细看。刻的是佛故事，人物和背景全用细线条阴刻。依我外行人的见解，细线条的画最见功夫，你必须在空白的幅面上找到最适当最美妙的每一条线条的位置，丝毫游移不得，你的手腕又必须恰好地描出每一条线条，丝毫差错不得，太弱太强也不成。所以画家必须先在心目中创造完美的形象，又有得心应手的熟练技巧，才能够画成细线条的好作品。最近故宫博物院布置绘画馆，在第一陈列室的正中间挂一小幅敦煌发现的唐朝人的佛像图，全用细线条，我看了很中意。现在这门楣上的石刻画，可以说跟绘画馆的那一幅同一格调、同一造诣。雁塔经过几次重修，连层数也有所改动，建筑材料当然有所更换，可是一般相信底层没大动，门楣石该是唐朝的原物，石上的图画该是唐朝人的手笔。这就无怪乎跟敦煌保藏的唐画相类了。据梁思成先生《敦煌壁画中所见的古代建筑》那篇文章，西面门楣上的画以佛殿为背景，精确地画出柱、枋（fāng）、斗拱、台基、椽檐、屋瓦以及两侧的回廊，是极可珍贵的建筑史料，可以窥见盛唐时代的建筑规模。

南面拱门两旁各陈列一块褚遂良写的碑。石壁凹陷进去，砌成龛（kān）形，碑立在里面，前面装栅栏，使游人可望而不可即。一块是唐太宗所撰的《大唐三藏圣教之序》,一块是唐高宗所撰的《大唐三藏圣教序记》——这块碑从左往右一行一行地写,有些特别,用意在跟前一块碑对称,成为"合欢式"。褚遂良的书法不用说,单说那碑石经历了一千四百年,文字还很完整,笔画还有锋棱,可见石质之坚致。西安好些石碑大都如此,大概用的"青石出自蓝田山"的青石吧。向来玩碑的无非揣摩书法,考证故实,注意到碑额、碑趺[1]和碑旁的装饰雕刻是比较后起的事情。其实好些古碑的装饰雕刻尽有好作品,大可供研究雕刻艺术的人观摩。就是这两块褚碑,两边的蔓草图案工整而不板滞,已经很够味了。碑趺的天人舞乐的浮雕尤其可爱。那是浮雕而超乎浮雕,有些部分竟是凌空的立体。雕刻不怎么工细,可是人物的姿态极其生动,舞带回环,仿佛在那里飘动似的。两碑雕的都是一个舞蹈的在中间,奏乐的分在两边(一块上是奏管乐,一块上是奏弦乐),两两对称,显出图案的意味。碑额雕的什么,可恨我的记忆力太差,记不起了,只好不说。

　　曲江池在慈恩寺东面不远。曲江池这个名字在唐朝

---

[1] 碑趺(fū):碑座,用于支撑碑身。

人的诗里见得很多，其地既然近在眼前，我们应当去看看。

一路上陂陀（pō tuó）起伏，车时而上行，时而下行——所谓黄土平原原不像操场、运动场那样平。在比较高的地点眺望，只见四面地势高起，环抱着一块低洼地，田亩而外就是树林，虽然时令在秋季，浓阴笼罩着茂密的林木，倒叫人发生阳春烟景的感觉。我们知道这就是所谓曲江池了。曲江池原是个人工池，水是浐河的水，唐玄宗开元年间引过来的。到唐朝末年，大概是通道阻塞了，池就干了，变为田亩。

在盛唐时代，这曲江池四围尽是公侯第宅，楼台亭榭大多临水，花柳相映，水光明澈，繁华景象可以想见。曲江池又是当时长安人游乐处所。逢到三月上巳、九月重阳，游人尤其多，不论贫富贵贱，大家要来应个景儿。池中荡着彩船，堤上挤着车马，做生意的陈列着四方货品，走江湖的表演着各种杂技，吹弹歌唱，玩球竞马，凡是享受取乐的玩意儿，在这里集了个大成。又因当时河西走廊畅通，文化交流极盛，形形色色都搀杂着异域的情调和色彩，更见得这里来凑个热闹可喜可乐。——照我猜想，当时情形大概跟《彼得大帝》影片里的某些场面相仿，逢到节日良辰，皇帝、贵族还肯跟庶民混在一块儿寻欢取乐，不摆出肃静回避、容我独享的臭架子。按封建时代说，这就很不错了。

至于现在，游了慈恩寺、登了雁塔的，多半要来曲江池走走，慈恩寺和曲江池自然联成个没有名称没有围墙的公园。这是个普通的星期日，而且天气阴沉，可是曲江池游人尽多。这边是一队少年先锋队在且行且唱，那边是一批工人在闲步眺望，机关里的男女干部，乡村里的小姑娘、老太太，结伴而来，兴致挺好，笑语嘻嘻哈哈的，脚步轻轻松松的。几年以来，大家已经养成习惯，工作的日子出劲工作，休假的日子认真玩乐。郊外既然有这么个好所在，谁不爱来走一走、乐一乐？一条马路正在修筑，从城里的解放路（东半边的南北干路）直通雁塔，城里人出来更方便了。一方面体育运动场也快完工。将来逢到四野花开的时节，春季晴朗的日子，或者运动会举行的期间，城里人必将倾城空巷而出，乡里人也必闹闹挤挤地出来享受他们的一份儿。这样的盛况是可以预想的。既有这新时代的盛况，封建时代的盛况也就没有什么可以留恋了。

曲江池附近有一道陷落五六丈的土沟，王宝钏的"寒窑"就在沟里。王宝钏原是"亡是公""乌有先生"一流人物，她的"寒窑"当然在"无何有之乡"，可是偏有人要指实它，足见戏剧影响社会之深。舞台上既然演《别窑》和《探窑》，那"寒窑"怎能没有个实在地点？《宝莲灯》里有劈山救母的故事，就有人在华山上指明斧劈的处所（这是听人说的，并未亲见），理由也在此。我们走下土沟去看，原来是个小小的庙宇，中间供泥塑女像，上面挂"有求必应"的匾额，王宝钏成了神了。身份虽然改变，实际还是一样——神不是也属于"亡是公""乌有先生"一流吗？庙宇实在没有什么可看，倒是庙门前的两棵白杨值得赏玩，又高又挺拔，气概非凡。回到原上看，那两棵白杨的上截高过原面一丈左右。

1954年1月21日作
原载《新观察》第4期

游临潼

那一天天气晴朗。上午九点过,我们出西安城往临潼。临潼是西安人游息的处所。逢到休假的日子,到那里去洗一个澡,爬一回山,眺望渭河和田野,精神舒快,回来做工作格外有劲儿。

经过浐(chǎn)河和灞河,浐河上跨着浐桥,灞河上跨着灞桥。灞河灞桥都有名。沛公入关,驻军灞上。唐朝人送出京东去的直送到灞桥,在那里设饯,折柳赠别,以灞桥为题材的送行诗也不知道有几多首。浐河比较小,灞河可宽大,虽然秋季水落,靠两边露出了沉沙,浩荡的气势还是很显然。桥是平铺的,一列的方桥墩,一个个的方桥洞,汽车、大车、行人都在桥上过。岸边有些柳树,并不是倒垂拂地的那一种,也许唐朝人所折的柳跟这个不同吧。

从灞桥柳树想起《紫钗记》传奇里的那出《折柳》。霍小玉就在这里送李益,情意缠绵,难舍难分,说灞桥"分明是一座销魂桥"。可是汤玉茗更改了《霍小玉传》的情节,让李益往河西参军,往河西怎么倒朝东走?这与其说是作者的小小疏忽,不如说他舍不得灞桥折柳的故事,定要拿来做他传奇的节目。反正像作画一样,花无正色鸟无名,只要取个意思就成,既是传奇里的动人场面,又何必核实方位,究东问西呢?

在右手边望见一座新建筑,矗起个又高又大的烟囱,形式简净明快,大玻璃窗一排上头又是一排。铁路的支线跟公路交叉,横过去直通到新建筑那里。那是西安第二发电厂,去年十一月间开的工,不到一年工夫,今年十月九日已经举行了庆祝落成发电的剪彩典礼。最新式的设计,最新式的机器,最先进的技术,机械化、自动化达到了很高的程度。厂里现有的设备全部开动起来,发电量等于西安第一发电厂的两倍。在今后的两三年内,西安、咸阳地区的工业生产用电和城市居民用电就可以充分供应了。

两旁地里的小道上三三两两有人在走动,都会合到公路上来。老汉衔着旱烟管。老太太带着小孙女儿,手里拄着拐杖,可是脚步挺轻爽。壮年男子跑得热了,簇新的青布棉短褂搭在肩上。年轻妇女当然爱打扮,无论留发的剪发的都把头发梳得整整齐齐的,有些个留发的还在发髻旁边插朵菊花。他们大都有说有笑的,瞧那神气好像赴什么宴会。

不但会合到公路上来的行人越来越多,看,大车也不少呢。一辆大车往往挤着一二十人,偏着身子,挨着肩膀,有些人两条腿挂在车沿,那么一颠一荡地按着韵律前进。骡子拉着重载本来跑得慢,又因出身在乡间,跟汽车还有些生分,见我们的汽车赶过去,它索性停了步。于是赶车的老乡下来遮住骡子的视线,我们的汽车也开得挺慢,那么轻轻悄悄地蹑过去。

打听之后才知道斜口逢集,这些人大都是赶集来的。我们停车去看看。经过一条小道,从一排房子的后面抄过去就是斜口。铺子前面一些摊子已经摆得端端正正了——卖东西的到得早。菜蔬、布匹、饮食、杂用零件,陈设跟一般市集差不多。需要东西的人这边看一看,那边挑些合用的什么,或者坐下来吃一碗泡馍,几乎可以说摩肩接踵,颇有一番热烘烘的景象。市梢头陈列着许多木柜子和门窗槅扇①,全是木工的手制品。秋收差不多了,农民们添置个新柜子储藏家用东西,或者买些现成的门窗槅扇把房子刷新一下,这也是改善生活

---

① 槅(gé)扇:屋内的木板墙,能够隔开室内空间,可自由开合,上部是糊纸或装玻璃的窗格子。

的要求，料想四年以前的市集该不会有这些东西吧。

十点半到临潼。并不进临潼县城，径到华清池。这一带树木比一路上繁茂，苍翠成林。仰望骊山不怎么高，可是有丘壑，有丘壑就有姿致，绿树红叶跟山石配合，俨然入画。从前唐明皇在这里修华清宫，周围起些公卿的邸宅，不致孤单寂寞，于是在华清池洗洗温泉澡，在长生殿跟杨玉环起个鹣鹣鲽鲽的恩爱誓。就享乐方面说，他可真是个老在行。

现在所谓华清池是个紧靠着骊山的花园布置。纯粹中国式，有假山、回廊、花栏、荷池、小桥，亭馆全用彩椽，当然，浴室也包括在里头。花栏里菊花、西番莲、美人蕉开得正有劲儿，还有些粉红的大型月季——这时候还开月季，可见地气之暖。荷池里只剩荷梗了，几只鸭悠然浮在池面。这池水是从温泉引过来的，因而想起"春江水暖鸭先知"的诗句。

我们不急于洗澡，先去爬山。目的在看西安事变那时候蒋介石躲藏的处所。从华清池右边上山。土坡缓缓地屈曲地往上延伸。路不算窄，大概可以并行两辆汽车，是新修的。路旁边栽些槐树。将近半山腰才是比较陡的石级，登完石级就到捉蒋亭。亭子后面朝石壁。亭子里正面上方题一段文字，叙述西安事变前后经过的大略情形。两三个老乡为游人指点蒋介石躲藏处,其说不一。一个说亭子后面那石壁稍微凹进去像个洞子,那夜晚蒋就像耗子似的躲在里头。一个说他还想往上逃,不知是光脚底跑破了还是挫伤了腰,再也跑不动,只好闪在右手边那块岩石的侧边。听起来总不离这一带石壁。为了掩饰蒋的丑,国民党反动派就在这里修个亭子,取名叫"正气亭"。正气,这是文天祥用来题他的诗歌的,反动派可窃取珍贵的珠花往癞子脑壳上插戴。单是这个冒用美名的罪名,他们就十恶不赦。不过反动派全惯于搞这一套,你看,帝国主义者不是总把他们那些个乌烟瘴气的国度叫做"自由世界"吗?解放以后,据实定名,亭子叫"捉蒋亭",连同亭子里的那段文字,可以让游人知道个真情实况。

坐在捉蒋亭的台阶上休息,朝北望去,眼界宽阔极了。明蓝的晴空无边无际。渭河和它的支流界划着远处的平原,安安静静的。近处这里那里一丛丛的树林。地里差不多全种菜蔬,特别肥美,嫩绿浓绿都像起绒似的。通常说锦绣河山,这眼前的景物可真是一幅货真价实的锦绣。

下山吃过饭,在华清池旁边一家小茶馆前喝茶。帆布躺榻,矮矮的桌子,有成都茶馆的风味。茶馆老板是个爱说话的人，偶然问他几句，他就粘在那里舍不得走开。他指着半山腰的捉蒋亭，说当年捉住了蒋介石送西安，就在茶馆门前上的车——穿的单衫，一位弟兄好意，给他穿了件棉军衣。他说："蒋介石这副形容去西安，来的时候可神气呢。一路上两旁布岗位，比电线杆子密得多，上刺刀的枪横在腰间，脸全朝外，他在汽车里只看他们的后脑勺。地里做活的全都让他给赶回去。不问你的活放得下手放不下手。不用说，我们这些小铺子也非关门不可，你得做一天吃一天，那是你的事，他不管。"

模仿了几声枪响之后，茶馆老板接着说："我想，他们准是开会谈不拢，闹翻了。亏得他们闹翻，我这小铺子才得就开门。要是他住在这里过个冬，我怎办？……后来他还来过一趟，照样布岗位，照样赶地里做活的回去，叫铺子关门。他穿一件长袍子，抬起尖下巴朝山上望了一会儿，不知道他想些什么。不多久汽车就开走了……"

茶馆附近有两个水果摊子，带卖菜蔬。曾听说临潼石榴有名，我们就买石榴。摆摊子问要酸的还是甜的。我们说当然要甜的。可是一问价钱，酸的贵一倍。什么道理呢？茶馆老板又有话说了。他说酸石榴什么病都治，妇道人家尤其爱吃。大概病人胃口不好，什么都没味，吃些酸东西倒有爽利的感觉，那是真的。说什么病都治，未免夸张过分了。至于多数妇女爱吃酸是实情，恐怕是生理的关系，不大清楚。我们反正不生病，还是买了甜的，确然甜。

摊子上还有苹果和柿子。柿子分两种。一种是大型的，朱红色，各地常见。一种是小型的，大红色，近似苏州的"金钵盂"和杭州的"火柿儿"。这种小型的柿子在西安市上见过，没注意，这回可注意了，因为联想到苏州的金钵盂。我从小不爱吃那朱红色的大型柿，生一些的，涩味巴着舌头固然难受，熟透了的，那甜味也怪腻，没有鲜洁之感。我只爱吃金钵盂。自从离开了苏州，经常遇见那些大型的，我从来不想拿一个来尝尝，可以说跟柿子绝缘了。现在看见这近似金钵盂的小型柿，不由得回忆起幼年的嗜好。捡一个熟透了的，轻轻地撕去表面那一层大红色的衣，露出朱红色的内皮，还是个柿子的形状，送到嘴里，甜得鲜洁，跟金钵盂一个样，而且没有硬核——金钵盂有硬核，或多或少。这种柿子是临潼的特产，名叫火柿，跟杭州相同。

临潼的菜蔬，白菜、花菜都好，韭黄尤其有名，在西安都吃过了。菜大都肥嫩，咀嚼起来没有骨子，很和润地咽下去。韭黄爽脆极了，咀嚼的时候起一种快感，汁水有些儿甜味，几乎没有那股臭气，吃过之后口齿间又绝不发腻。

茶馆的右手边就是公共浴池。温泉养成了临潼人勤洗澡的习惯，应该有公共浴池满足大众的需要。分男的和女的，都在屋子里，规定每天开闭的时间。我们去看男浴池。一股热气，比澡堂子里的大池子大。屋内光线不太强，可是看得清池水是清澈的。十来个近乎酱赤色的光身子泡在池水里，有几个只透出个脑袋。池沿上也有十来个人，正在擦呀抹的。

于是我们重入华清池。那一天不是星期日，等了大约一刻钟工夫就轮到我们洗澡了，据说星期日买了票等两三个钟头是常事。华清池内也有大池子，浴室分单人的、双人的，还有一间四个人的，美其名曰"贵妃池"。我和三位朋友挑了贵妃池。

池作长方形，周围全砌白瓷砖。一边一个台阶，没在水里，供洗澡的坐。不坐那台阶而坐在池底，水面齐脖子，四个人的手脚都可以自由舒展，不至于互相碰撞。水清极了，温度比福州的温泉和重庆的南温泉、北温泉似乎都高些（我只洗过这三处温泉），可是不嫌其烫。论洗澡是大池子好，你可以舒臂伸腿，转动身躯，让热水轻轻地摩擦你周身的皮肤，同时你享受一种游泳似的快感。在澡盆子里洗差多了，你只能直僵僵地躺在里头让热水泡着，两边紧紧地挨着，不免有些压迫之感。这贵妃池虽然不及大池子宽广，也尽够自由活动了。我们足足洗了三十分钟，轻松舒快，身上好像剥去了一层壳似的。起来之后倒茶壶里的水尝尝。那是煮过的温泉水，清淡，没有什么矿质的气味。

澡洗过了，到夜还有两点来钟，我们去看秦始皇墓。起先车顺着公路开，后来转入田地间的小道。一路上多的是柿子树，柿子承着斜阳显得更鲜明。没有二十分钟工夫就到了秦始皇墓下。那是个极大的土堆，据说地盘有四百亩，原先还要大得多。大略有些像金字塔，缓缓地斜上去，除了土面的草而外，什么也没有。骊山默默地衬托在背面。这一面山上红叶特别多，山容比华清池那边望见的似乎更好看。从墓顶往下望，平原上红柿子宛如秋夜的星星，洋洋大观。听说春天是一片桃花和杏花。

秦始皇墓让古来所谓"发冢"的发掘过好多回了，按《高祖本纪》的记载，项羽是头一个。他们的目的无非在盗些宝物。往后在研究古代文物的整个计划之下，这座陵墓该来一回科学的发掘。前些日子在西安的《群众日报》上看见一位先生的文章，说这一带农家常常捡到古砖，又掘到过埋在地下的古时的排水管，发现过还看得清形制的建筑结构，等等。猜想起来，发掘该不会一无所获，或许竟大有所获，使历史家、考古家高兴得不得了，互相庆幸又得到了可贵的新资料。当然，这只是外行人的想头，未必有价值。——再说句外行话，要是古代通行了火葬，不搞什么坟墓，现代的历史家、考古家至少要短少一大宗重要的凭借吧。

上了车，在小道上开行，忽听当的一声。以为小石子打在钢板上，没有事。可是回头一看，小道上画了很长的一条，是乌绿的机油。车底盛机油的部分破了。于是停车，司机仰着身子钻到车底下去检查，站起来的时候是两泡眼泪，一只手尽拍前额，几乎哭出声来。小道中间高两边低，车底当然接近些地面，车轮子滚过，小石子当然要蹦起来，完全没有理由怪到他，可是爱护公共财物的观念叫他淌了眼泪。

大家说有什么哭的，想办法要紧。吉普车的那司机说机油漏光了，花生油什么的可以代替，油箱的窟窿呢，塞一把土，拿布裹一裹，拴一下，就成了。——听那司机说办法，我立刻想起在巫山下经历的事。那一年冬天从重庆东归，飞机、轮船全没份，我们六十多人雇了两条木船。一天黄昏时分歇碛石，拢岸了，一条木船触着江边的石头，船侧边一个窟窿，饭碗那么大。那时候的惊慌情状不必细说，幸而没有事，只灌湿了好些箱笼书籍。你知道管船的怎么修补那穿了窟窿的破船？一大碗饭，拿块不知从哪里撕下来的布一裹，往窟窿里一塞，再钉上块木板，第二天早晨就照常开船了。急救治疗就有那么一手。

两个司机作急救治疗去了，我们跟几个农民商量油的事情。农民们说村里各家去问问，大家凑一些，不过要六七斤怕凑不齐。一会儿村干部也来了，问明白之后说："总得想办法，保证你们今夜晚回西安。"

太阳落下去了，道旁场上有个四十来岁的农民在收晒在那里的棉花，一大把一大把地往筐子里塞。我们跟他攀谈，不免问长问短，最后请他说说今昔的比较。他把手在筐子边上一按，似笑非笑地说："从前吗，搞出来的东西人家给拿走了，人还不得留在家里。现在搞出来的是自家的了，人也能安安心心地留在家里了。"

他这个话多么简括，说出了最主要的。在今年，他那"自家的"里头包括新盖的房子，新买的一头小牛——他那村子里有八家盖了新房子呢。真的事实，亲身的体会，什么道理都容易搞明白，搞得明白自然能够简括地扼要地说出来。在社会主义改造完成之后，就是这个农民，今天在这里一大把一大把往筐子里塞棉花的，他一定会说："从前吗，一家人勤勤恳恳地搞，可是搞不怎么多，比工人老大哥差得远。现在大伙儿合起来搞，比从前好多了，我们跟得上工人老大哥了！"

　　凑来的油灌好，汽车开动，已经七点多了。月亮还没升起来，车窗外的景物都成了剪影。老远就望见西安第二发电厂烟囱高头极亮的红灯，那是航空的安全设备。

1953年12月27日作

原载《新观察》第2期

参观苏北水利工程

　　这一回出门二十五天，主要是参观苏北的水利工程。大运河的整治，淮沭（shù）新河的开拓，各处节制闸和船闸的布置，以前听人谈及往往感觉搞不清楚，现在亲眼看见，总算有了个具体的印象。

　　我们看了洪泽湖东岸的三个闸。一个叫二河闸，去年六月间修成。湖水通过这个闸，流入淮沭新河，这就使淮河北调，跟山东的沂河相通，可以互相调剂。又一个叫高良涧闸，现在正在动工扩建。湖水通过这个闸，流经灌溉总渠入海。第三个叫三河闸。一九五三年七月间修成，六十三孔，长三分之一公里。这个闸调节高、宝诸湖的水，通到大江。在淮阴西北的杨庄，我们看了即将完工的三个节制闸中的两个，淮阴闸和淮涟闸。淮阴闸跨在淮沭新河上。淮涟闸就在淮阴闸旁边，分一部分水供给灌溉。

　　在泗阳县境，我们看了六塘河地下涵洞工程。新开的淮沭新河大体上是南北方向，水位比较高，因此，东西方向的淮泗河和包河势必在淮沭新河底下通过，这唯有修建涵洞一法。这个涵洞并排十二孔，每孔三公尺四见方，进出口相距五百公尺。在沭阳，我们看了沭阳闸的修建工程。沭阳闸也跨在淮沭新河上。闸下又有地下涵洞，通过柴米河的水。这个涵洞并排二十二孔，每孔三公尺见方，进出口相距三百五十七公尺。我们去得正巧，看见了这两个地下涵洞的内部构造，不久涵洞就将完工，一完工就永远埋在地下，只能看见进出口了。

再说大运河的整治工程。从界首到高邮，已经修成新河道，可以通行二千吨的船只。目前施工的，是界首以北一段和高邮以南一段，共计三十七公里。发动民工共十六万人。工程是把运河的西堤西移，修筑得特别牢固，使能抵御湖上的大风浪。在邵伯，我们看了一号船闸的修建工程。邵伯原来有个船闸，很小，不能适应当前的发展情况，所以需要修建大的。这个一号船闸底宽二十公尺，长二百五十公尺，电力启闭，十分钟就可以开一次。今后还将修建二号三号船闸，在三个船闸的西边，将修建一个大控制闸，长一千零七十八公尺，一百三十五孔，每孔宽六公尺。这个大控制闸的作用是排洪蓄水，需要蓄水的时候，把水蓄在高邮湖和邵伯湖里。

水道的来龙去脉、水闸的节制调剂和水流的综合利用的情形，语言文字很难叙述得一清二楚，叫人宛同目睹。因此，我们建议把苏北整个水利工程摄制一部大型纪录片，片中有活动的示意图，有各项建筑物逐步完成的形象，也有群众集体劳动的伟大场面，这样的纪录片将会有永久的教育意义。也许还可以不同的角度摄制好几部，不仅一部而已。

1959年4月15日作

原载1959年4月17日《人民日报》

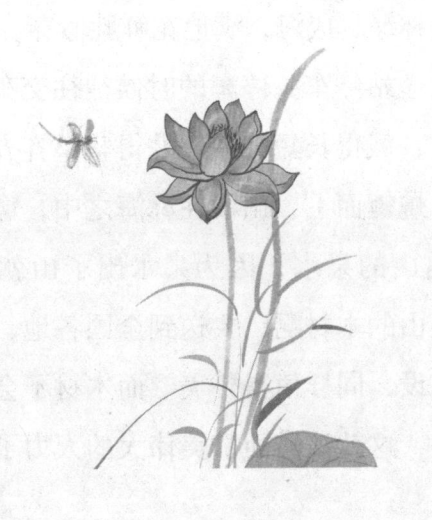

林区二日记

八月八日立秋,上午十点过,我们在牙克石登火车,往大兴安岭林区。牙克石在大兴安岭西边,我们要去的甘河在大兴安岭东边,相距三百五十公里。先经过草原地带,各种草开各色花,就像是到处飞舞着嬉春的彩蝶。既而两旁有散立的松树和白桦了,有缓缓起伏的冈陵了,冈陵上松树和白桦成林。下午四点光景到陵顶站,看站名就知道这儿是这条线路的最高处。在站上望岭北,满眼是绿,多宽广的林海啊!于是我得到两句诗,"连山林绿真成海,满地花鲜胜似春。"

一路上逢站停车,停车的时候往往交车。开过来的车全装木材,截得长短如一,叠得整整齐齐。在岭顶站就见一列车蜿蜒而上,出没在林海之中,像一条龙。从前人赞美出山的泉水,因为泉水出了山就要去沾溉大地。这些出山的木材啊,要送到全国各地,支援各方各面的基本建设,同样值得赞美。而木材不会像泉水那样自己跑出去,这就该转而赞美伟大的人力了。听牙克石的萨书记说，从第一个五年计划时期到如今，大兴安岭林区已经输出木材二千万立方米。

身到大兴安岭，才发觉平时的想象错了，同行的人差不多都有这个感觉。从一个"岭"字，就想象到秦岭那样岩峦磅礴，长江三峡那样峰岩重叠，哪里知道完全不对，就是站在岭顶上，前瞻后顾，也只见缓缓起伏的绿浪而已。别处山上树木杂，长得参差，又兼有一搭没一搭的，就见得山形勾勒分明。大兴安岭的林木，百分之八十以上是落叶松，长得整齐，而且略无缺处，远远望去，漫山遍野铺着绿色的绒毯，使群山的线条显得那么柔和，几乎难分界划。我作了这样一首诗：

母林绿暗幼林鲜，嫩绿草原相映妍，
间以桦林挺银干，画家着笔费精研。

我想同样是绿，要分明暗老嫩，这不太容易着笔。而明暗老嫩的界划不甚分明，又加一重难处。至于白桦林，我觉得那些银亮的笔直的线条，搀杂在各各不同而又非常融和的绿色里头，仿佛很调和似的，用画笔来描绘，要是线条生硬一些，选用颜料欠一些斟酌，怕就表现不出那调和的意味，甚至会显得刺目。当然，这只是外行人替画家担忧的想头。

再说落叶松,平时从没想到松里头也有落叶树,总以为松柏联称,凡是松全都是四季青青的。既然落叶,可以想象凉秋而后,整个林区将会变为挺立着亿万株冲天直干的冰雪世界。改换冬装就改得那么彻底。听说落叶松的球果,每颗是三十二个鳞片,每个鳞片有两粒种子。种子长着翅膀,乘风而飞,能达一百米。靠种子的飞翔自然繁殖后代,也不知道经过了多少年岁。可是现在人们采集了种子种在苗圃里,培育成幼苗,再移植到别处去。人工繁殖当然能够称人的心意,环境安排,日常养护,都可以尽往好的方面做,其结果是得到成长较快质量更好的木材。木材用作煤矿的坑木是一大宗,其他如枕木和电线杆,还有房屋的梁和柱子,也多用落叶松。松树皮可以提炼单宁,在化学工业方面,是一种极重要的原料。

白桦的用处也不小。木材可以制高级的胶合板,中含糖分很多,可以制糖。树皮可以提炼汽油,总之,如果列一张综合利用表,项目要多很多,我弄不明白,只好从阙。那白桦皮非常可爱,像是细银丝编排成的,闪闪发亮。剥去银亮的外层,里层作玉润的象牙色,纹理那么匀净细腻,叫你不敢心粗气浮随便把它撕破。无论外层内层，如果取作室内的护壁，我以为比糊上花纸漂亮，雅致。不知道有没有建筑家考虑过。

树木当然不止落叶松、白桦两种，还有榆、柳、青杨、樟子松之类，所占成数不大，只是附庸而已。

火车到达甘河在夜间十二点，我们已经入睡了。第二天清早，林业局十几位同志来相迎，到局中小憩，并进早餐。解放之初，就在林区成立三个林业局，工人仅有两千多。逐步发展，到现在已经有二十五个局，三个筹备处，干部工人共有十万二千人。各个局是独立的企业单位，由林业管理局统辖。局在林区分设若干林场，为管理的分支机构。林场又分设若干工段，实做采伐运输培育各项工作。这么多的人深入林区，还有家属，一切生活上的需要都得供应，文化教育上的需要也必须满足，因而一个林业局不仅是一个企业单位，实际上就是一个新的市镇。跟许多矿区垦区水利工程区一样，从前是渺无人烟，仅有自然景物，如今建设起新的市镇，千千万万人在那里安居乐业，为社会主义事业尽力：想想这情景，是多么伟大的转变啊！

进早餐的时候，听说有一位鄂伦春族的青年干部，从鄂伦春自治旗来的，我们就拉他过来，请他边吃边谈。他叫泉博胜，中学毕业，身体壮健，面目清秀，穿一身蓝布制服，说汉话挺流畅。他说鄂伦春族从前过部落生活，每个部落七八户，部落长由大家公推。猎获野兽，平均分配，没有争执。向不定居，哪里有野兽就赶到哪里。麻疹和风湿病是可怕的病患，敬撒满神求治，当然没有什么效果。拿猎获的野货跟外间换一些日用品，受尽人家的欺侮和剥削，不忍细说。解放以后才像登了天。鄂伦春自治旗建立起来了，到今年国庆节是十周年，族人聚居在旗里的有一千多，还有定居在别地的。各方面得到政府的特别照顾，健康情况大好，青少年都上学，已经有受高等教育的了。他说族人的特点是勇敢而和气，打猎从小学会，他自己打猎的本领就很不错，并非夸口。又说他已经结婚，爱人是汉族，在从前当然是不可能的。

早餐过后，我们上小火车，要经过五十公里，到一处地方叫库中。小铁路是林业管理局所修，轨距零点七六二米。管理局还修好些公路。所以林区的交通线真可以用蛛网来形容，主要为的运木材，也便利工人上班下班。我们所乘的车，构造和大小，跟哈尔滨儿童铁路的客车相仿，双人板椅坐两个人，左右四个人，中间走道挺宽舒。车开得相当慢，慢却好，使贪看两旁景色的人感到心满意足。车窗外就是树木，树木外边还是树木，你说单调吧，一点儿也不，只觉得在林绿之中穿行异常新鲜，神清气爽。古人栽了几棵梧桐或者芭蕉，作诗就要用上"绿天"，未免夸大。这时候我倒真有"绿天"的实感，要是搀些想象的成分，竟可以说映人衣袂都绿。既而看见一条河道与铁路平行，一打听知道这就是甘河，水清见底，水草顺着流向徐徐袅动。我又得诗一首：

波梳水草成纹理，澄澈甘河天影蓝，
高柳临流蝉绝响，清秋景色宛江南。

我注意到绝未听见蝉声，后来与老舍先生交换看诗稿，不约而同，他也有"蝉声不到兴安岭"之句。究竟是兴安岭上根本没有蝉，还是岭上气候较凉，蝉声早歇，我们二人都不知道。问几位陪我们入林的同志，也没得到确切的回答。

午后十二点半到库中，一下车就往左边的原始林跑去。所谓原始林，就是从没经过采伐的，那些树自生自枯，世代相传，占着这块地方，并且逐渐扩大领土。拿落叶松来说，从幼苗到长足要一百年到一百二十年，看年轮就可以知道。而从长足到枯死，到腐朽，又不知道要经过多少年。眼前这些挺得高高的生气蓬勃的落叶松,是开始居留在这里的祖先的第几代后裔呢?脚踏在地上,软软的,陷到脚踝,原来青草和结着浆果的小灌木底下,尽是松针和断枝碎皮,或者已经腐烂,或者将腐未腐,也不知道有多少厚。这些松针和断枝碎皮,是多少世代的生命的残骸呢?边跑边想,总觉想不清楚。

挑定一处地方,在地上铺了几方毡毯,大家坐下来。我学几位同志的样,索性躺下来,伸展四肢,仰面朝天,看明蓝的高天和悠闲的白云。落叶松的树冠并不相互邻接,因而不至于翳天蔽日,阳光漏下来,照得身上微微发汗。望那些树干,挺极了,好像都不是静止的,棵棵都在往上伸,直欲伸到蓝天。忽然听见枪响,就有人说打中了,是一只乌鸡。谁打的?当然是泉博胜。泉博胜证实了他并非夸口,好几个人背着枪捧着乌鸡照相,分享他的成功的欢快。乌鸡大如鹅,全身乌黑,只翅膀边上有几片白羽。

在原始林中野餐,在原始林中听歌看舞蹈,全是平生所未经,那新鲜意趣实在难写难描。既而工人为我们表演锯树。一个人一条腿跪在地上,手里的锯离地不到一尺,就树干的这边锯,又就树干的那边锯,大约五分钟光景,一棵落叶松就横倒了。数数年轮,八十多岁。

还没长足。又改用柴油锯锯另外一棵。柴油锯不须人力推拉，省力气，锯得快，只消两分钟，树就横倒了。听说还有一种电锯，也锯得快，可是电缆横在地上未免碍事，不及柴油锯方便。

锯树总算看到了，但是没看到一个工段多数工人在那里采伐的热闹场面。刚交秋令，还没下雪，大量木材从冰道上滑下去的情景当然无从看到。大家说，到冬季咱们再来吧。因为林区管冬令叫黄金季节，采伐运输最繁忙，看辛勤的人在冰天雪地里活跃，精神上该会得到极大的鼓舞。

在回到甘河的车中，我回味原始林中的印象，又作一首诗：

株株竞上望如伸，原始林中卧碧茵。
倏见乌鸡应声坠，神枪无愧鄂伦春。

1961年10月27日作
原载1961年11月11日《人民日报》

从西安到兰州

十月三十一日下午两点四十分，火车从西安开，七点十多分到宝鸡。车程一百七十六公里。还没有快车，逢站都停。靠近西安和宝鸡的几站，乘客上下的多，车厢里坐得满满的。中间一段比较空，三个人的座位上有的只坐一个人。乘客里头农民居多。车上的广播室广播保藏红薯的方法，这是认定对象而又很适时的。

在咸阳和茂陵两站之间，北面耸起好些个大土堆，轮廓齐整。那是汉唐的陵墓，前些日子我们原想去看一看，可是没有去成。

南面远处是秦岭。始而终南山，既而太白山，还有好些个叫不出名儿的峰峦，一路上轮替送迎。那一天轻阴，梨树的红叶和留在枝头的红柿子都不怎么鲜明。秦岭的下半截让厚厚的白云封住。那白云的顶部那么齐平，好像用一支划线尺划过似的。韩昌黎的诗有"云横秦岭"的话，我们亲眼看见了，而且体会到那个"横"字下得实在贴切。露出在云上的峰峦或作淡青色，或作深青色，或只是那么浑然的一抹，或显出凹凸的纹理，看峰峦的远近高低而定。有些云上的峰峦又让白云截断，还有些简直没了顶。那些看得清凹凸的纹理的峰峦，山凹里有积雪。

从咸阳起，铁路始终跟渭河平行，渭河在铁路的南面。因为距离有远近，渭河有时看不见，有时看得见。渭河的水黄浊，看来跟黄河相仿。

就农事而言，铁路两旁的田野好像跟成都平原跟太湖流域都差不多。土色的黄是个显然不同之点，可是土质的肥沃恐怕不相上下。麦苗萌发了，这里那里一方方的嫩绿的绒毯。翠绿的葱绿的是各种蔬菜。林木时而稀时而密，跟方才提起的两个区域比起来，就只是绝对不见竹林，经常看见白杨树——茅盾先生所赞美的傲然挺立的白杨树。

出了宝鸡车站，人力车在新修的开阔的马路上慢慢地前进。两旁店铺灯光不太强，显得安静。马路旁的横路渐渐低下去，坡度不怎么大。心中突然发生一种感觉，仿佛到了四川省沿江的那些城市，虽是初到，很觉亲切。

十一月一日早晨上车站，九点四十分开车，第二天上午十一点到兰州。车程五百零三公里，宝鸡到天水一百五十四公里,天水到兰州三百四十九公里。

在这条路上,最显著的是山崖迫近了,火车尽在丛山间跑。不但在丛山间跑,许多地方还得穿过山跑——这就是说在隧道里跑。隧道多极了,长的短的也不知道有几百个。一会儿电灯亮了,窗外一无所见,轮轨相激的声音特别响亮,仿佛蒙在坛子里似的。一会儿出了隧道,又看见窗外的天光山色。可是才抽得两三口烟,又钻进前一个隧道里了。这样的情形并非少见。最长的是天兰铁路的第四十一号隧道,在关内,数它是第一大隧道。

渭河也迫近了。靠着车窗往往可以低头看水流,或急或缓,或窄或宽,沿河的冲积土上种着庄稼。河中有滩的地方,哗哗的水声也可以听见。渭河怎么样弯曲,铁路就跟着它弯曲。我们的车厢挂在后段,常常看见前面的机车和车厢拐弯,宛如夭矫的龙。

直到陇西,铁路才跟渭河分手,转向西北。陇西以东,铁路绝大部分在渭河北岸,少数几段移到南岸。这就得在渭河上架桥。可惜经过几座渭河大桥在夜间。后来借到《庆祝天兰铁路通车纪念画刊》来看,那几座大桥真配得上"雄姿"这个字眼。桥柱像罗马建筑的柱子那样,下面流着浩浩荡荡的渭河水,上面承着钢梁,简洁壮伟，显出现代工程的美。

不但渭河桥，铁路要跨过深谷也得架桥。那些桥往往是好几座钢塔架承着钢梁，另外一种壮观。至于中型的小型的桥梁，一眨眼间就开过的，说得笼统些，简直不知其数。

铁路既然在山间通过，就得把高低不平的山地凿成近乎水平的路堑，两旁削成斜壁，使土石不至于崩塌。好些斜壁还得加工，或者涂上水泥，或者砌上石片，筑成御土墙。有些地方筑个明洞来防御土石的崩塌。所谓明洞就是并不穿山而过的隧道，筑在山脚下，一壁贴着山，一壁显露在外，开些小穹洞，可以透光。

我们完全不懂铁路工程，照我们想，这条铁路有那么些个艰难的工程，该经过较长的年月才能完工，可是我们知道，从一九五〇年的五月到一九五二年的秋天，在不到两年半的时间内，天兰铁路就修成了，一九五二年的国庆前夕提前通车，同时又改善了陷于瘫痪状态的宝天铁路，使西北的大动脉畅通无阻。这是中国人民解放军的七万军工的功劳，这是不止一个民族的两万多民工的功劳，当然，毛主席和其他党政领导人的号召和指示，是工程迅速完成的最重要的因素。请听一听当时的《筑路歌》吧——"树要人来栽，路要人来开，人民天兰路，人民修起来！"唯有人民自己作了主人，彼此团结起来，发挥力量和智慧，什么高山大河都可以征服，要怎么办就怎么办。来睦铁路通车了，成渝铁路通车了，天兰铁路通车了，我们听见这些个消息，那时候的感情跟从前听见什么铁路修成了完全不一样。这一回初次经过宝天铁路和天兰铁路，我们更深切地分享到十万军工民工的成功的喜悦。

　　为什么说以前的宝天铁路陷于瘫痪状态呢？原来国民党反动政府修筑宝天铁路，工程是很草率的，曲线的半径极小，路基极狭窄，旁壁陡直，隧道大多没有加工衬砌，很多应修桥涵的地方没有修，修了桥涵的，孔径又不大，不能畅泄流水，因而线路常被崩塌的土石阻断，路基常被受阻的流水冲毁。当时名义上虽说通了车，实际上通车的日子很少。一九四九年将要解放的时候，主要桥梁又让蒋匪军给破坏了，于是全线陷于瘫痪状态，只是那么一条烂铁路，简直行不来车。解放以后，一面动手修筑天兰铁路，一面施工恢复宝天铁路，施工期间还是维持通车。弯曲太厉害的线路改了，路基放宽了，旁壁削斜了，该修的御土墙修起来了，隧道加上了衬砌，又加筑了好些个明洞和桥涵，孔径太小的桥涵也改大了，又吸取了苏联的先进经验，做了大规模的排水工程，种了树，种了草，用来保持水土。于是宝天铁路有了新的生命，天兰铁路工程的供应运输有了可靠的保证。

据考古家的说法，这一带河谷两岸随着河谷的下降和黄土的冲积，形成台地，史前人类和现在的居民就住在那些台地上。台地可以分做五级。第五级台地高出现在的河面二百到五百公尺，到现在还没发现人类居住过的遗迹。下一级是第四级，那里有史前人类的墓葬。再往下是第三级和第二级，高出现在的河面二十到五十公尺，新石器时代的人类就住在那里，彩陶文化的遗迹非常丰富。第一级是现在的居民居住的地方，高出河面五到二十公尺不等，我们想象那些使用石器陶器的史前人类，他们大概只能沿着河谷活动，走那大家不约而同走出来的道路，而且不可能走得太远。河这一岸的人跟河那一岸的人彼此可以望见身影，可是，恐怕始终不能够聚在一块儿说句话吧。他们的时代距离现在不到五千年，就算它五千年吧，就整个人类历史说，五千年是很短的一会儿。可是现在亮得发青的钢轨横躺在山岭间河谷上了。起初是大家不约而同走出来的道路。随后是有意铺设的道路，可是行走还得凭人力，或者利用畜力。最后才有铁路，铁路把道路机械化了。这五千年的进步多大啊！此外，公路也是机械化的道路，公路上可以开行汽车、卡车。河里行了轮船，水路也机械化了。空中本来没有路，自从有了飞机，空中有路了，而且一开头就是机械化。各种机械化的道路掌握在人民手里，人民的物质生活和文化生活更将飞速地提高，那还待说吗？

说得稍稍远点儿了，再来说些所见的景物吧。

一路上两旁的山大都作黄色，少树木，垦成一鳞一鳞的梯田。可是宝鸡往西开头的几站间并不然。那里山上全是树木，同是绿色而浓淡深浅有差别。又搀杂着好些红叶，红叶又分鲜红和淡红。这就够好看的了。再说那些山。不懂地质学的人只好借用画家的皴法来说。那些山的皴法显然不同，这一座是大斧劈皴，那一座是小斧劈皴，这一座是披麻皴，那一座是荷叶筋皴……几乎可以一一指点。皴法不同的好些座山重叠在周围，远处又衬托着两三峰，全然不用皴法，只是那么淡淡的一抹。忽然想起这不跟长江三峡相仿吗，我们坐在火车里就像坐在江船里一样，峰回路转，景象刻刻变换，让你目不暇接。我把这个意思告诉我的同伴。我说，没有走过三峡的，看了这里的景象也就可以知道个大概。一位同伴脱口而出说："这个得拍电影！"是的，语言文字的确难以描写，唯有彩色活动电影才胜任愉快。

虽说山崖迫近，也有不少地段山崖退得远一些儿。这就是所谓第一级台地吧，全都平铺着各种农作物，当然也有树木和村屋。不用想得太远，至少从周秦时代起，古先的农民就在这里翻垦每一块土，他们的汗滴在每一块土里。前一辈过去了，后一辈接上去，无休无歇，直到如今。我们如今看见的那些平田以及山上一鳞一鳞的梯田，哪一处不留着历代农民改造自然的"手泽"？仔细想来，实在是伟大的事业。最近大家认明了总路线，知道农业要经过社会主义改造，不再像以前那样光靠"一手一足之烈"，要大伙儿合起来搞，要逐步机械化。预想改造完成的时候，农村经过飞跃的改变，景象必然跟如今大不相同，那是更伟大的事业了。

第二天早晨醒来，车正靠站，站名梁家坪，距离兰州只有十多站了。连绵的黄色的山，山顶大多平圆。村落里的房屋用黄土修筑的多，偶然看见用砖瓦的。除了地里的农作物和一些树木，就只见浑然一片的黄。可是将近兰州的时候，景象就不同了。显著的是树木多了，这里一丛，那里一丛，树叶还没有落，苍然成林，其中有拂着地面的垂柳。地里界划着发亮的小溪沟，沟水缓缓地流动。好些地里刚灌过，着潮的土色显得深些。那溪沟里的水是黄河水，用大水车引上来。兰州附近一带用水车引黄河水从明朝开始，据说是一位理学家段容思的儿子段续从西南方面学来的。现在有水车两百多架，每架可以灌五十亩到百把亩。

在兰州附近看见好些地里尽是小卵石或是黑色的小石片，平匀地铺在那里，像富春江的江底。我们不明白那是什么玩意儿，打听人家才知道那是兰州农作方面一种特殊的发明。原来兰州的土地干燥，又含着卤质，遇到旱天虽有沟水灌溉，还是嫌干燥，下过大雨卤质就升起来，都对农事不利。于是发明沙地的办法——把湿沙平匀地铺在地面，上面再铺一层小卵石或是小石片来保持它。在旱天，那沙地有减少蒸发保护幼苗的功用，大雨下过，雨水透过沙地渗到土里，卤质不至于升起来，因而水旱都可以不愁。这是很细致很烦劳的功夫，你想，田地多么大，沙和卵石石片就得铺多么大。可是农民为了生产，愿意下这个又细致又烦劳的功夫。据说铺一回沙可以支持三十年，过了三十年沙老了，必须去掉旧沙，换上新沙。

黄河又见面了，在铁路的北面。几个人在河岸边慢慢地走，各捎着个长方形的架子，比人身高，架子上是些胀鼓鼓的东西，看不太清楚。可是我们立刻想到那是羊皮筏。看，黄河上一个人蹲在羊皮筏上轻飘飘地浮过去了。羊皮筏闻名已久,现在才亲眼看见,心中涌起这一回非试它一下不可的想头。

看图表,兰州海拔一千五百公尺。路上经过的寒水岔金家庄两站最高,都在两千公尺以上。从宝鸡到寒水岔是一路往上爬。

1953年12月16日作
原载1953年12月25日《人民日报》

坐羊皮筏到雁滩

初次看见羊皮筏的照片在二十年前。凭这个东西可以在水上行动，像陆上坐车似的，虽然没有什么不相信，总觉得有些儿特别，有些儿异感。再说这个东西的构造也看不大清楚，胀鼓鼓的仿佛一笼馒头，说是羊皮，可不知道怎么搞的。这回到兰州，才亲眼看见羊皮筏，而且坐了羊皮筏过渡到雁滩——雁滩是黄河中的沙洲。

羊皮筏用的是整张的羊皮。我说整张，也许会引起误会，会叫人家想起做皮袄皮袍子的皮料那样的整张。因而必须赶紧说明，并不是那样展开的整张。打个比方，好比蛇蜕下来的皮，蛇爬到别处去了，蜕下来的皮留着，虽然那么瘪瘪的，可还是蛇的形状——是那样保持着原状的整张。宰羊的人剥羊皮（不用说，羊毛先剃光了），让羊皮从肌肉骨骼上蜕下来，整张上只有四个窟窿。前肢在膝盖的部位切断，一边一个窟窿，脑袋去掉，脖子的部位一个大窟窿。两条后肢全去掉，臀部的一个窟窿更大。把三个窟窿拴紧，留下一个吹气（为方便起见，当然在前肢的两个里头留一个），吹足了气也把它拴紧。于是成了个长形的气囊，还看得出羊身体的形状。

四个或五六个气囊并排连成一排，看羊皮的大小而定。又把三排气囊直里连起来，就成个长方形的连结体。一个连结体少则十二个气囊，多则十五六个。在这连结体上平铺一个长方形的木架，用绳子系着。木架的结构像个横写的"册"字——当然只是大略的比拟罢了，"册"字底下没有一画，可是那架子底下有一画，"册"字只有四直，可是那架子有十多直，两直之间的距离比人的脚短些，一只脚可以在两直上踏稳。这就齐全了，羊皮筏的装置尽在于此了。

不知道一个羊皮筏有多重。看来不会太重，因为筏工用一条扁担支着它，把它背在背上，一只手按住扁担的另一头，走起来挺轻松的。有人雇乘了，讲好价钱，筏工就把它放在河沿水面上，让乘客跨上去。

还有牛皮筏，我们没看见。听说牛皮筏是装重载的，支起篷帐，里面住人，顺流而下驶往宁夏。要是把牛皮筏比做运货大卡车，那末羊皮筏就是小汽车，坐这么几个人，在近处兜兜罢了。

我们听过朋友的解说，说羊皮筏非常稳当，绝对保险，虽然看起来有些异样，跟习惯的船只很少相同之点。我们跨上去，有些晃荡，可是不比西湖里的小划子晃荡得厉害。照惯例，乘客应当两只脚踏在两条横木上，身体蹲下来，着力在两条腿上。我腿力不济，没法蹲，只好一屁股坐下来，下面贴着木条和羊皮。我们四个人，加上筏工跟一个附载的挑面粉的，筏上共载六个人。

　　羊皮筏吃水极浅，所以能贴近沙滩，便于上下。羊皮筏有弹力，碰着滩石就弹开来，不至于撞破，就是撞破了一个气囊，还有其他十几个气囊在，影响并不大。羊皮筏的底跟面一般大小，就是在水势大风浪猛的时候，也不过跟着波浪上落而已，无论如何打不翻。我们坐在羊皮筏上谈着这些个，觉得非常稳当的说法确然属实。还有一层，我们想，要是兰州一带羊肉的消费量不怎么大，恐怕也不会有什么羊皮筏吧。

　　筏工把扁担插入黄流，悠然划着——扁担的身份改变了，它又是桨，又是舵。雁滩横在前面，林木繁茂，金黄色的斜阳照着，一派气爽秋高的景象。对岸的山峦列在雁滩背后，沉默之中透着庄严。朝左望上游，朝右望下游，虽然秋季水落，还是有浩荡渺茫的气势。身下的羊皮筏太藐小了，不妨看作没有这个羊皮筏，于是我们觉得我们跟大自然更亲密了，我们浮在水面上，我们的呼吸跟黄河的流动、连山的沉默、青天的明朗息息相通。往年在四川乐山，渡江游凌云山、乌尤山，方当水涨，小划子在开阔之极的波面上晃荡，我也曾有过同样的感觉。

没有十分钟工夫就到了雁滩。从前没住人的时候，这河中的沙洲当然是雁栖息之所——雁滩原是个写实的名称。同时又富有诗意画意，古来取雁宿洲渚为题材的也不知道有几多诗篇画幅。现在滩上住着好些人家，都以种菜为业，又有公家的农场苗圃，雁大概不会下来栖息了吧。可是雁滩还是个挺耐人寻味的名称。

我们先往农场。果树上没有什么果子了，可是会客室桌子上陈列着两大盘苹果，色彩不一，又好看又大，几乎可以说耀人眼睛。招待我们的一位同志说场里苹果的品种很多，盘子里是四种。又说果子都藏在地窖里了，数量不多，还不能普遍供应。又说农场的任务之一是推广优良品种，兰州产瓜果本来有名，再在选择品种上下工夫，前途更光明了。他一边说一边让我们尝苹果，尝了一种又尝一种，把四种尝遍。

最大型的一种叫"大元帅"——这名称大概就从大

型而来，皮作红绿两色，红的地方鲜红，绿的地方翠绿，味甜，入口有松爽的感觉。另一种叫"印度"，皮纯青色，入口爽脆极了，鲜美极了。第三种叫"青香蕉"，跟"印度"一样作纯青色，稍稍淡些，带着香蕉的香味。第四种叫"玉霞"，皮作黄色——像半熟的香蕉那样的黄色，口味也挺不错。很难说四种里头哪一种更好，很难想起以往吃过的苹果也有这么好，一时间尝到这些个好品种，真可以说此游一乐。

　　尝着好苹果，同时想起幼年吃的苹果。那是四五十年前的事了。中秋前后，苏州水果铺里苹果上市了，至多不过陈列这么五六十个，红绿色的表皮上大多印着黄锈的瘢痕，大的有铜元那么大。无所谓这种那种的分别，只知道这叫做天津苹果，老远地走海道来的。吃这种苹果也无须用刀子削皮。一般人都用大拇指的指甲从果柄的部分刮到结蒂的部分，好比在地球图上画经线，把整个苹果刮遍。于是表皮就可以撕下来。把撕了皮的苹果送到嘴边一口一口地啃，酥极了，宛如吃豆沙包子，舌头上辨得出细沙似的颗粒，咽下去有饱的感觉。我小时候以为苹果就该那么吃，苹果的味道就是那么不爽不利、粘舌腻喉的，老实说，我对苹果没有多大好感。后来在上海吃新鲜苹果，方才领略到苹果的爽脆和鲜美，好就好在这个爽脆和鲜美，小时候的认识完全不是那么一回事，可是历年吃的新鲜苹果也不算少，仿佛全比不上这回在雁滩吃的。

在雁滩谈起瓜，没吃瓜，可是在别处吃了。兰州的瓜太好了，不能不连带说一说。我要说的叫绿瓤甜瓜，属于香瓜一类。香瓜一类跟西瓜一类的主要不同点，瓤和肉可以划然分开，不像西瓜那样肉连着瓤，没有显著的界限。咱们吃西瓜吃它的瓤，吃香瓜不吃瓤，吃它的肉。这些都是大家知道的，不必细说。香瓜一类通常有黄金瓜、翠瓜，大略有些儿香味，不怎么甜，有的绝然不甜，上市的时候，咱们也爱尝一尝，应个景儿，可是总不能成为咱们的嗜好。离苏州三十六里有个乡镇叫甪直（甪音陆），我在那里住过好几年，那里出产一种苹果瓜，形状像苹果，小饭碗那么大，青皮绿肉，比一般黄金瓜甜些，苏州一带认为名贵的品种，实际上也不过如此。兰州的绿瓤甜瓜也大略像苹果，有儿童玩的小足球那么大，皮作白色，白里带黄，并不好看，切开来可好看了，嫩绿的肉好像上品的翡翠。咬一口那嫩绿的肉，水分多，味道甜而鲜，稍稍咀嚼几下，就那么和润地咽下去，仿佛没有什么质料似的。吃过一两块，只觉得甜美清凉直透心脾，真可以说无上的享受。这种瓜可以久藏，到春节的时候拿出来，是绝妙的岁朝清赏。

还得说一说哈密瓜。兰州市街在一个拐角处聚集着好些家回民开设的铺子，贩卖新疆的土产特产，哈密瓜就在那里买。哈密瓜也属于香瓜一类，形状像橄榄球，大小也相当。皮作暗绿色，粗糙，有细碎的并不深刻的裂纹。切开来，肉作淡黄色——也可以说淡红色，跟南瓜差不多。甜味似乎比绿瓤甜瓜厚些，不如绿瓤甜瓜的清，水分也比较少些。哈密瓜声名很大，在往时，绝大多数人仅闻其名，不知道究竟是怎么样一件东西。往后交通日益发展，铁路网像蜘蛛网似地结起来，一方面产地讲究培植，提高产量，我想，哈密瓜和兰州的绿瓤甜瓜、"大元帅"之类必然会在各地水果铺里出现，家喻户晓，像广东香蕉、天台柑橘一个样。

说得远了，现在回到雁滩。我们吃过苹果，就出来随处看看。这里是苹果树，那里是梨树、桃树。白杨的苗木密密地插在那里，只看见平行的直干子。沙路旁边的槐树伸展着近乎羽状的叶片。垂柳倒挂下来，叶子一动不动，虽然到了深秋时节，仿佛还不预备凋零似的。四围寂然，只听见黄河流动的静静的声音。

这雁滩是兰州人游息的地方，尤其在夏天。工作人员逢到假日来这里消磨这么一天半天，好在四围全有树木，无论上午下午都可以遮荫，沙地上坐坐躺躺又是挺舒服的。放暑假的学生几乎把这里看作第二学校，大伙聚在一块儿，看一回书，做一回游戏，开一个什么会，比平时的学校生活还要愉快。兰州夏天本来不怎么热，这雁滩尤其凉爽。在这凉爽的境界里，看那庄严静穆的山峦、浩荡渺茫的黄河，看那山光水色随着朝晚阴晴而变化，简直是精神上洗一回澡，洗得更见清新，更见深湛。

好些个农民挑着满担的花菜往河边，搭乘羊皮筏。那花菜是才在地里割的，赶紧挑出去，下一天早晨兰州市上就有"还没断气"的新鲜花菜。

暮色压下来了，压着连山，压着林木，压着黄河，也压着我们的眉梢。于是我们又跨上羊皮筏。

1954年1月10日作

原载《新观察》第3期

登赐儿山

赐儿山距离张家口市区三里光景。据市文化局所编的《名胜古迹》，这座山海拔一千零五公尺，山上有云泉寺，始建于明朝洪武二十六年（公元一三九三年）。随着山势，高高低低建筑好些殿宇，都不怎么大，石级小道曲折可通。多数殿宇里供奉道教的神像，如果按《封神榜》来指认，该说得清谁是谁。最高的一座殿宇是玉皇殿，就高度说，大约已经超过半山腰。佛教的殿宇，有一座里佛像最多。小小的三间，有塑像，有壁上的画像，三世如来和地藏菩萨在正中，韦驮站在左边，面朝内。我们几个人戏言，他们大概是厉行精简节约，故而大家挤在一块儿。

赐儿山有水洞、冰洞，在半山腰石崖下。两个洞真可以说相距咫尺，可是洞里的情形却全不一样。水洞里泉水下滴，积在洞底，据说有两公尺深，寒冬也不冻结。冰洞里泉水结成冰，上面盖着灰沙，望进去好像铺一块平石板，据说炎夏也不融化。相距那么近，而温凉互异，这是什么道理，可惜没有人给我们作解释。两个洞的前边有两棵大柳树，水洞左上方的石隙中伸出一棵大榆树，相传是元榆明柳。树身那么大，历年那么久，毫无衰老意味，枝叶繁茂，叶色葱绿，给人一种青春盛年的印象。那棵大榆树生根在石隙中，得不到多少土，而能欣欣向荣，尤其奇妙。或许是得到泉水的滋润之故吧。坐在柳荫下，喝水洞里的水沏的茶，其味甘美。张家口市的居民逢到休假的日子，常到这里或是距离市区七里光景的水母宫玩儿。

　　水洞、冰洞果然奇，古老的榆树柳树也值得欣赏，但是在这赐儿山上眺望，还有一种景色叫你喜欢赞叹，想得很远很远。张家口市东北西三面全是山，峰峦重叠，山色越远越淡。我们站在半山腰，远望那些峰峦，全都染上绿色。那绿色是草吗？不是，是近几年来新栽的树。照原来的计划，全都绿化那些峰峦需要三十多年。照今年的规模，可只要三年，就是说，再加两年工夫，就可以做到全部绿化了。某一座山归某机关负责，某一座山归某学校包下来，全都有了着落。眼前已经是山山有绿意，试想两年以后，不将像江南的山一样地郁郁葱葱吗？这是自古以来没有的事，是破天荒的事。那些峰峦耸起在那里，也说不清经历了多少年，在那么悠久的时间里,哪曾跟树木有过缘分?也不必想到远古的人,只从修筑了长城那时候想起,戍守长城的兵士,进出长城的行旅,历代以来不知有多少人,他们中间谁曾见过那些峰峦上染上绿色,像今天我们所见到的?说真的,我感动极了,不待思索,作成如下一首诗:

迭岭重峰自古然,长城亦复二千年。
望中景色空前史,绿树新栽遍万山。

1958年6月10日作

原载1958年6月18日《人民日报》

我坐了木船

从重庆到汉口，我坐了木船。

木船危险，当然知道。一路上数不尽的滩，礁石随处都是。要出事，随时可以出。还有盗匪——实在是最可怜的同胞，他们种地没得吃，有力气没处出卖，当了兵经常饿肚子，没奈何只好出此下策。假如遇见了，把铺盖或者身上衣服带了去，也是异常难处的事儿。

但是，回转来想，从前没有轮船，没有飞机，历来走川江的人都坐木船。就是如今，上上下下的还有许多人在那里坐木船，如果统计起来，人数该比坐轮船坐飞机的多得多。人家可以坐，我就不能坐吗？我又不比人家高贵。至于危险，不考虑也罢。轮船飞机就不危险吗？安步当车似乎最稳妥了，可是人家屋檐边也可能掉下一片瓦来。要绝对避免危险就莫要做人。

要坐轮船坐飞机，自然也有办法。只要往各方去请托，找关系，或者干脆买张黑票。先说黑票，且不谈付出超过定额的钱，力有不及，心有不甘，单单一个

"黑"字,就叫你不愿领教。"黑"字表示作弊,表示越出常轨,你买黑票,无异帮同作弊,赞助越出常轨。一个人既不能独个儿转移风气,也该在消极方面有所自守,帮同作弊,赞助越出常轨的事儿,总可以免了吧。——这自然是书生之见,不值通达的人一笑。

再说请托找关系,听人家说他们的经验,简直与谋差使一样的麻烦。在传达室恭候,在会客室恭候,幸而见了那要见的人,他听说你要设法买船票或飞机票,爱理不理的答复你说:"困难呢……下个星期再来打听吧……"于是你觉着好像有一线希望,又好像毫无把握,只得挨到下个星期再去。跑了不知多少回,总算有眉目了,又得往这一处签字,那一处盖章,看种种的脸色,候种种的传唤,为的是得一份充分的证据,可以去换一张票子。票子到手,身份可改变了,什么机关的部属,什么长的秘书,什么人的本人或是父亲,或者姓名仍旧,或者必须改名换姓,总之要与你自己暂时脱离关系。最有味的是冒充什么部的士兵,非但改名换姓,还得穿上灰布棉军服,腰间束一条皮带。我听了这些,就死了请托找关系的念头。即使饿得要死,也不定要去奉承颜色谋差使,为了一张票子去求教人家,不说我自己犯不着,人家也太费心了。重庆的路又那么难走,公共汽车站排队往往等上一个半个钟头,天天为了票子去奔跑实在吃不消。再说与自己暂时脱离关系,换上别人的身份,虽然人家不大爱惜名气,我可不愿滥用那些名气。我不是部属,不是秘书,不是某人,不是某人的父亲,我是我。我毫无成就,样样不长进,我可不愿与任何人易地而处,无论长期或是暂时。为了跑一趟路,必须易地而处,在我总觉得像被剥夺了什么似的。至于穿灰布棉军服更为难了,为了跑一趟路才穿上那套衣服,岂不亵渎了那套衣服?亵渎的人固然不少,我可总觉不忍。——这一套又是书生之见。

抱着书生之见,我决定坐木船。木船比不上轮船,更比不上飞机,千真万确。可是绝对不用请托,绝对不用找关系,也无所谓黑票。你要船,找运输行,或者自己到码头上去找。找着了,言明价钱,多少钱坐到汉口,每一块钱花得明明白白。在这一点上,我觉得木船好极了,我可以不说一句讨情的话,不看一副难看的嘴脸,堂堂正正凭我的身份东归。这是大多数坐轮船坐飞机的朋友办不到的,我可有这种骄傲。

决定了之后,有两位朋友特地来劝阻。一位从李家沱,一位从柏溪,不怕水程跋涉,为的是关爱我,瞧得起我。他们说了种种理由,设想了种种可能的障碍,结末说,还是再考虑一下的好。我真感激他们,当然不敢说不必再考虑,只好带玩笑的说"吉人天相",安慰他们的激动的心情。现在,他们接到我平安到达的消息了,他们也真的安慰了。

1946年3月28日

原载《消息半周刊》第1期

游了三个湖

这回到南方去,游了三个湖。在南京,游玄武湖,到了无锡,当然要望望太湖,到了杭州,不用说,四天的盘桓离不了西湖。我跟这三个湖都不是初相识,跟西湖尤其熟,可是这回只是浮光掠影地看看,写不成名副其实的游记,只能随便谈一点儿。

首先要说的,玄武湖和西湖都疏浚了。西湖的疏浚工程,做的五年的计划,今年四月初开头,听说要争取三年完成,每天挖泥船轧轧轧地响着,连在链条上的兜儿一兜兜地把长远沉在湖底里的黑泥挖起来。玄武湖要疏浚,为的是恢复湖面的面积,湖面原先让淤泥和湖草占去太多了。湖面宽了,游人划船才觉得舒畅,望出去心里也开朗。又可以增多渔产。湖水宽广,鱼自然长得多了。西湖要疏浚,主要为的是调节杭州城的气候。杭州城到夏天,热得相当厉害,西湖的水深了,多蓄一点儿热,岸上就可以少热一点儿。这些个都是顾到居民的利益。顾到居民的利益,在从前,哪儿有这回事?只有现在的政权，人民自己的政权，才当作头等重要的事儿，在不妨碍国家社会主义工业化的前提之下，非尽可能来办不可。听说，玄武湖平均挖深半公尺以上，西湖准备平均挖深一公尺。

其次要说的，三个湖上都建立了疗养院——工人疗养院或者机关干部疗养院。玄武湖的翠洲有一所工人疗养院，太湖、西湖边上到底有几所疗养院，我也说不清。我只访问了太湖边中犊山的工人疗养院。在从前，卖力气淌汗水的工人哪有疗养的份儿？害了病还不是咬紧牙关带病做活，直到真个挣扎不了，跟工作、生命一齐分手？至于休养，那更是做梦也想不到的事儿，休养等于放下手里的活闲着，放下手里的活闲着，不是连吃不饱肚子的一口饭也没有着落了吗？只有现在这时代，人民当了家，知道珍爱创造种种财富的伙伴，才要他们疗养，而且在风景挺好、气候挺适宜的所在给他们建立疗养院。以前人有句诗道，"天下名山僧占多"。咱们可以套用这一句的意思说，目前虽然还没做到，往后一定会做到，凡是风景挺好、气候挺适宜的所在，疗养院全得占。僧占名山该不该，固然是个问题，疗养院占好所在，那可绝对地该。

又其次要说的，在这三个湖边上走走，到处都显得整洁。花草栽得整齐，树木经过修剪，大道小道全扫得干干净净，在最容易忽略的犄角里或者屋背后也没有一点儿垃圾。这不只是三个湖边这样，可以说哪儿都一样。北京的中山公园、北海公园不是这样吗？撇开园林、风景区不说，咱们所到的地方虽然不一定栽花草，种树木，不是也都干干净净，叫你剥个橘子吃也不好意思把橘皮随便往地上扔吗？就一方面看，整洁是普遍现象，不足为奇。就另一方面看，可就大大值得注意。做到那样整洁决不是少数几个人的事儿。固然，管事的人如栽花的，修树的，扫地的，他们的勤劳不能缺少，整洁是他们的功绩。可是，保持他们的功绩，不让他们的功绩一会儿改了样，那就大家有份，凡是在那里、到那里的人都有份。你栽得整齐，我随便乱踩，不就改了样吗？你扫得干净，我嗑瓜子乱吐瓜子皮，不就改了样吗？必须大家不那么乱来，才能保持经常的整洁。解放以来属于移风易俗的事项很不少，我想，这该是其中的一项。回想过去时代，凡是游览地方、公共场所，往往一片凌乱，一团肮脏，那种情形永远过去了，咱们从"爱护公共财物"的公德出发，已经养成了到哪儿都保持整洁的习惯。

　　现在谈谈这回游览的印象。

出玄武门，走了一段堤岸，在岸左边上小划子。那是上午九点光景，一带城墙受着晴光，在湖面和蓝天之间划一道界限。我忽然想起四十多年前头一次游西湖，那时候杭州靠西湖的城墙还没拆，在西湖里朝东看，正像在玄武湖里朝西看一样，一带城墙分开湖和天。当初筑城墙当然为的防御，可是就靠城的湖来说，城墙好比园林里的回廊，起掩蔽的作用。回廊那一边的种种好景致，亭台楼馆，花坞假山，游人全看过了，从回廊的月洞门走出来，瞧见前面别有一番境界，禁不住喊一声"妙"，游兴益发旺盛起来。再就回廊这一边说，把这一边、那一边的景致合在一块儿看也许太繁复了，有一道回廊隔着，让一部分景致留在想象之中，才见得繁简适当，可以从容应接。这是园林里修回廊的妙用。湖边的城墙几乎跟回廊完全相仿。所以西湖边的城墙要是不拆，游人无论从湖上看东岸或是从城里出来看湖上，就会感觉另外一种味道，跟现在感觉的大不相同。我也不是说西湖边的城墙拆坏了。湖滨一并排是第一公园至第六公园，公园东面隔着马路，一带相当齐整的市房，这看起来虽然繁复些儿，可是照构图的道理说，还成个整体，不致流于琐碎，因而并不伤美。再说，成个整体也就起回廊的作用。然而玄武湖边的城墙，要是有人主张把它拆了，我就不赞成。不知道为什么，我总觉得那城墙的线条，那城墙的色泽，跟玄武湖的湖光、紫金山复舟山的山色配合在一起，非常调和，看来挺舒服，换个样儿就不够味儿了。

这回望太湖，在无锡鼋头渚，又在鼋头渚附近的湖面上打了个转，坐的小汽轮。鼋头渚在太湖的北边，是突出湖面的一些岩石，布置着曲径蹬道，回廊荷池，丛林花圃，亭榭楼馆，还有两座小小的僧院。整个鼋头渚就是个园林，可是比一般园林自然得多，何况又有浩渺无际的太湖做它的前景。在沿湖的石上坐下，听湖波拍岸，挺单调，可是有韵律，仿佛觉得这就是所谓静趣。南望马迹山，只像山水画上用不太淡的墨水涂上的一抹。我小时候，苏州城里卖芋头的往往喊"马迹山芋芳"。抗日战争时期，马迹山是游击队的根据地。向来说太湖七十二峰，据说实际不止此数。多数山峰比马迹山更淡，像是画家蘸着淡墨水在纸面上带这么一笔而已。至于我从前到过的满山果园的东山，石势雄奇的西山，都在湖的南半部，全不见一丝影儿。太湖上渔民很多，可是湖面太宽阔了，渔船并不多见，只见鼋头渚的左前方停着五六只。风轻轻地吹动桅杆上的绳索，此外别无动静。大概这不是适宜打鱼的时候。太阳渐渐升高,照得湖面一片银亮。碧蓝的天空中飘着几朵若有若无的薄云。要是天气不好,风急浪涌,就会是一幅完全不同的景色。从前人描写洞庭湖、鄱阳湖,往往就不同的气候、时令着笔,反映出外界现象跟主观情绪的关系。画家也一样,风雨晦明,云霞出没,都要研究那光和影的变化,凭画笔描绘下来,从这里头就表达出自己的情感。在太湖边作较长时期的流连,即使不写什么文章,不画什么画,精神上一定会得到若干无形的补益。可惜我来也匆匆,去也匆匆,只能有两三个钟头的勾留。

  刚看过太湖,再来看西湖,就有这么个感觉,西湖不免小了些儿,什么东西都挨得近了些儿。从这一边看那一边,岸滩、房屋、林木,全都清清楚楚,没有太湖那种开阔浩渺的感觉。除了湖东岸没有山,三面的山全像是直站到湖边,又没有衬托在背后的远山。于是来了个总的印象:西湖仿佛是盆景,换句话说,有点儿小摆设的味道。这不是给西湖下贬辞,只是直说这回的感觉罢了。而且盆景也不坏,只要布局得宜。再说,从稍微远一点儿的地点看全局,才觉得像个盆景,要是身在湖上或是湖边的某一个所在,咱们就成了盆景里的小泥人儿,也就没有像个盆景的感觉了。

湖上那些旧游之地都去看看,像学生温习旧课似的。最感觉舒坦的是苏堤。堤岸正在加宽,拿挖起来的泥壅①一点儿在那儿,巩固沿岸的树根。树栽成四行,每边两行,是柳树、槐树、法国梧桐之类,中间一条宽阔的马路。妙在四行树接叶交柯,把苏堤笼成一条绿荫掩盖的巷子,掩盖而绝不叫人觉得气闷,外湖和里湖从错落有致的枝叶间望去,似乎时时在变换样儿。在这条绿荫的巷子里骑自行车该是一种愉快。散步当然也挺合适,不论是独个儿、少数几个人还是成群结队。以前好多回经过苏堤,似乎都不如这一回,这一回所以觉得好,就在乎树补齐了而且长大了。

灵隐也去了。四十多年前头一回到灵隐就觉得那里可爱,以后每到一回杭州总得去灵隐,一直保持着对那里的好感。一进山门就望见对面的飞来峰,走到峰下向右拐弯,通过春淙亭,佳境就在眼前展开。左边是飞来峰的侧面,不说那些就山石雕成的佛像,就连那山石的凹凸、俯仰、向背,也似乎全是名手雕出来的。石缝里长出些高高矮矮的树木,苍翠,茂密,姿态不一,又给山石添上点缀。沿峰脚是一道泉流,从西往东,水大

---

① 壅(yōng):堆积。

时候急急忙忙，水小时候从从容容，泉声就有宏细疾徐的分别。道跟泉流平行。道左边先是壑雷亭，后是冷泉亭，在亭子里坐，抬头可以看飞来峰，低头可以看冷泉。道右边是灵隐寺的围墙，淡黄颜色。道上多的是大树，又大又高，说"参天"当然嫌夸张，可真做到了"荫天蔽日"。暑天到那里，不用说，顿觉清凉，就是旁的时候去，也会感觉"身在画图中"，自己跟周围的环境融和一气，挺心旷神怡的。灵隐的可爱，我以为就在这个地方。道上走走，亭子里坐坐，看看山石，听听泉声，够了，享受了灵隐了。寺里头去不去，那倒无关紧要。

这回在灵隐道上大树下走，又想起常常想起的那个意思。我想，无论什么地方，尤其在风景区，高大的树是宝贝。除了地理学、卫生学方面的好处而外，高大的树又是观赏的对象，引起人们的喜悦不比一丛牡丹、一池荷花差，有时还要胜过几分。树冠和枝干的姿态，这些姿态所表现的性格，往往很耐人寻味。辨出意味来的时候，咱们或者说它"如画"，或者说它"入画"，这等于说它差不多是美术家的创作。高大的树不一定都"如画""入画"，可是可以修剪，从审美观点来斟酌。一般大树不比那些灌木和果树，经过人工修剪的不多，风吹断了枝，虫蛀坏了干，倒是常有的事，那是自然的修剪，未必合乎审美观点。我的意思，风景区的大树得请美术家鉴定，哪些不用修剪，哪些应该修剪。凡是应该修剪的，动手的时候要遵从美术家的指点，唯有美术家才能就树的本身看，就树跟环境的照应配合看，决定怎么样叫它"如画""入画"。我把这个意思写在这里，希望风景区的管理机关考虑，也希望美术家注意。我总觉得美术家为满足人民文化生活的要求，不但要在画幅上用功，还得扩大范围，对生活环境的布置安排也费一份心思，加入一份劳力，让环境跟画幅上的创作同样地美——这里说的修剪大树就是其中一个项目。

1954年12月18日作
原载1955年《旅行家》第1期

坝上一天

六月五日七点一刻,我们分乘吉普车五辆从张家口市出发。出市区往北,山路蟠曲,渐升渐高,大约走了一点二十分钟,到狼窝沟,这里海拔一千八百公尺。我们在苏蒙联军烈士塔前下车,致敬并瞻仰。

狼窝沟是华北通内蒙古的咽喉,形势险要。一九三六年日寇侵占了张北县,连年在狼窝沟修筑工事。我国民工受到种种虐待,死亡很多,还有三千多名技术工人被送往安固淖(nào)集体屠杀,为的是他们亲手修筑工事,知道军事秘密。修成的交通沟沿着山势回环沟通,长达六百多里,大型小型的钢骨水泥碉堡有二百多座。日寇妄图以此为兵站基地,控制华北和内蒙古。

一九四五年八月上旬,苏联和蒙古人民共和国对日宣战,苏蒙联军在苏联普烈耶夫上将指挥下,跟我军配合,包围狼窝沟。经过两天的激战,摧毁了那些永久性的工事,歼灭了日寇的主力。这一战役对我军迅速解放张家口起了决定性的作用。苏蒙联军在这一战役里英勇牺牲的有六十人,他们的崇高的国际主义精神永垂不朽,他们用他们的鲜血在中苏蒙友谊史上写下了光辉的一页,因此,张家口地区的人民修建这座苏蒙联军烈士塔来纪念他们。

底层是塔厅,大理石壁上刻着六十位烈士的名字,苏联官兵五十四人,蒙古兵士六人,还有聂荣臻、谢觉哉、乌兰夫、张苏诸位同志的题词。塔厅上耸起方柱形的塔身,正面题着七个贴金大字,"苏蒙联军烈士塔"。塔身上又矗起长圆椎形的塔顶,顶端缀着三颗鲜艳的大红星。塔高二十九公尺有余,在明蓝的天空映衬之下,显得异常庄严。

我们登车再走,渐渐觉得眼中景象全新。四望宽广,而且那么平,天似乎更高了,比北京秋天的晴空还要蓝,这明蓝的大圆幕笼罩着平旷的地面。除了路旁的树苗和一部分庄稼而外,大部分地面长的是草,高约四五寸,其间开着些野花。马牛羊群随处可见。这里已是草原地带,张家口地区管这一片草原地带叫坝上,也就是蒙古高原的边缘,海拔一千四百五十公尺左右。听说草长高的时候有二尺光景,我就连带想到,这里大概还见不到"风吹草低见牛羊"的景象。

我们到达张北县委会,听县委同志谈张北概况。新中国成立以前，坝上是很穷苦的地方。风沙大，土地瘠薄，气候寒冷，一年间无霜期仅有九十天到一百天左右，人民生活非常困苦。新中国成立以后，党和政府采取种种措施，人民发挥积极性，生活有了巨大的变化。经济基础和地理条件的限制，并不影响群众力争上游的决心。只要看墙上的那些图表，光是张北一县，兴修水利，积蓄肥料，扩大耕地，培植林木，繁殖牲畜，改良畜种，举办工业，诸如此类已经办将要办的事项，就数量说表现了"多"，就进程说表现了"快"。我们这一回参观访问，常常听见"塞上江南"的说法，常常看见"塞上江南"的字样。我想，坝上各县很快赶上江南，当然不成问题，但是江南并非一成不变的，明天的江南必然胜过今天的江南，这所谓"塞上江南"的"江南"，该是包括今天明天的江南在内的。

下午两点，我们又登车，目的是访问一个牧业队。途中望见一个"淖"，其水反映碧色。张北境内有好些个"淖"，水或淡或咸。淡水当然可以利用于耕种，咸水也将设法利用。坝上人向不吃鱼，三年前在淡水淖里投下鱼秧，今年开始捞鱼，鲫鱼有一斤光景，方才午餐就吃到鲫鱼。咸水淖里也尝试养鱼，结果证明可以养，已经投下了鱼秧。

牧业队所在地叫蒙古营。这个队属于民安乡红旗农业社，全社分十三个农业队，一个牧业队。全队男女队员热烈地欢迎我们，二三十个小孩也跟着拍手。进一所房子坐定，蒙古妇女给我们喝奶茶，说这是蒙古人的习俗，表示敬意，如果喝不惯，还备有普通的茶。奶茶其实很好喝，听她们这样说，深深感到牧业队体贴客人的厚意。队长杜哥儿札布同志为我们谈社中概况。汉人耕种，蒙人牧畜，团结互相非常好。所畜马牛羊都择良种，注意配种工作，使畜种尽量向好的方面发展。牲畜的饲养和使用，草原的管理和轮牧，都定有切实可行而且有效的制度。出售驹子和羊毛，是社中一宗不小的收益。

队长让我们看看畜群。走出房子，大队的牛羊被带到门前，一时间此鸣彼应，冲前转后，也不知道多少数目，只觉得眼前景象全新。公的种畜特别庞大。新生的幼畜偎在母畜身旁，看来挺矫健，可又透着稚气。马带来并不多，身子不算高。两个队员各跨上一匹，缰绳一提，小走几步，一会儿就划开，跑着跑着，人和马的身影显得很小了。

我们辞别了牧业队，车行大约二十多分钟，到了海流图水库的工地。几千名男女民工在那里紧张地劳动，掘土的，挑土的，打夯的，背石头的，从坡上往下望，完全在目。就人数而言，比十三陵水库的工地上少得多，可是那埋头苦干的气魄，那全部活跃的场面，我觉得跟十三陵水库的工地上一模一样。

这一带的农民在党的领导下修成了三十一里长的民安渠，是一九五二年的事。就在当年，受益地区普遍增产，平均亩产二百十三斤，比新中国成立以前提高了四倍多。一九五五年扩展民安渠，浇地面积达到一万四千亩。听说还要苦战三年，征服十大河流，把全县的地上水都积蓄起来。正在修建的海流图水库，拦截的是三台河的水。三台河从南往北又西斜，流入安固淖；水库修成之后，面积约有二千六百五十亩。从水库引出两条干渠，东干渠长三十七里，可以浇地四万到五万亩，西干渠长十五里，可以浇地七千亩。加上民安渠的一万四千亩，就有六七万亩地得到灌溉之利；还计划建立一座小型发电站。东西两干渠都要绿化。

我们在指挥部里会见了十几位修建水库的英雄，大多数是妇女，年纪大的将近六十，年纪小的二十还不到。这里爱用"铁"字来称颂模范人物，有"铁汉""铁姑娘""铁老太太"之类的名号。意志坚强，什么困难都不怕，一到工地就坚持下去，不修成水库绝不罢手，这差不多是模范人物的共同点；用上个"铁"字，他们的精神全表现出来了。铁汉安占元以能背四百斤大石头得名。铁姑娘刘步兰、高玉莲、郭玉娥在河水解冻的时候,每天往返蹚(tāng)两回河,冰水激骨,毫不在意。铁老太太李友,五十七了,一双小脚,看来很瘦弱,可是她从阴历正月初五(二月二十二日)上了工,到现在一百多天未停过工。她那句形象化的话"用针尖我也得把水库挖成",成为普遍传说的名言。

跟英雄们道别,离开工地已经五点过了。归途中天气像上午中午一样晴朗,忽然望见有点异样,天空变得昏黄。我正在想这是什么缘故,大风就袭来了,呼啸声似乎充满空际。早晨动身的时候,我听了同志们的嘱咐,里面穿了两件毛线衣,一条毛线裤,后来越来越热,脱了一件较厚的毛线衣,还是出汗,只因怕麻烦没再脱。这会儿大风袭来,赶紧穿上较厚的毛线衣远不济事,张雷同志让我穿上他的雨衣,又拥着地委带来的皮大衣,才觉得刚合适。据说,在草原上,这样的大风算是寻常的。在车中作成绝句一首:

耕牧兼营团汉蒙,尽多水库铁英雄;
流连不觉归车晚,驰骋高原赏大风。

1958年7月15日作
原载《旅行家》第9期

黄山三天

我游黄山只有三天,真用得上"窥豹一斑"那个成语。可是我还要写篇简略的游记,目的在劝人家去游。有心研究植物的可以去。我虽然说不清楚,可是知道植物种类一定很多。山将近两千公尺,从下层到最高处该可以把植物分成几个主要的族类来研究。研究地质矿石的也可以去。谁要是喜欢爬山翻岭,锻炼体力和意志,那么黄山真是个理想的地方。那么多的山峰尽够你爬的,有几处相当险,需要你付出十二分的小心,满身的大汗。可是你也随时得到报酬,站在一个新的地点,先前见过的那些山峰又有新的姿态了。就说不为以上说的那些目的,光到那里去看看大自然,山啊,云啊,树木啊,流泉啊,也可以开开眼界,宽宽胸襟,未尝没有好处。

从杭州依杭徽公路到黄山大约三百公里。公共汽车可以到黄山南边脚下的汤口,小包车可以再上去一点儿,到温泉。温泉那里有旅馆。山上靠北边的狮子林那里也有旅馆。山上中部偏南的文殊院原来可以留宿,一九五二年烧毁了,现在就文殊院原址建筑旅馆,年内可以完工。住狮子林便于游黄山的北部和西部,住文殊院便于游中部,主要是天都峰和莲花峰。

上山下山的路上全都铺石级,宽的五六尺,窄的不到三尺。路在裸露的大石上通过,就凿石成级。大石面要是斜度大,凿成的石级就非常陡,旁边或者装一道石栏或者拦一条铁索。山泉时时渗出,石上潮湿,路旁边又往往是直下绝壁,这样的防备是必要的。

现在约略说一说我们所到的几处地方。写游记最难叫读者弄清楚位置和方向,前啊,后啊,左啊,右啊,说上一大堆,读者还是捉摸不定。我想把它说清楚,恐怕未必真能办到。我们所到的地点,温泉最南,狮子林最北,这两处几乎正直。我们走的东路,先到温泉东边的苦竹溪,在那里上山。一路取西北方向,好比是直角三角形的一条弦,经过九龙瀑、云谷寺,最后到狮子林住宿,那里的高度大约一千七百公尺。这段路据说是三十多里。第二天下了一天的雨,旅馆楼窗外一片白茫茫,什么都看不见。台阶前几棵松树,有时只显出朦胧的影子,有时也完全看不见。偶尔开门,雾气就卷进屋来。当然没法游览了,只好守在小楼上听雨。第三天放晴,我们登了狮子林背面的清凉台,又登了狮子林偏东南的始信峰，然后大体上向南走，到了光明顶。在这两三个钟点内，我们饱看了"云海"。有些游客在山上守了好几天，要看"云海"，终于没看成，怏怏而下。我们不存一定要看到的想头，却碰巧看到了。在光明顶南望天都峰和莲花峰，天都在东，莲花在西，两峰之间就是文殊院。从前有人说天都最高，有人说莲花最高，据说最近实测，光明顶最高。那里正在建筑房屋，准备测量气象的人员在那里经常工作。我们绕过莲花峰的西半边到文殊院，又绕过天都峰的西南脚，一路而下，回到温泉。说绕过，可见这段路的方向时时改变，可是大体上还是向南。从狮子林曲折向南，回到温泉，据说也是三十多里。我们所到的只是黄山东半边靠南的部分，整个黄山究竟有多大，我没有参考什么图籍，说不上。

以下就前一节提到的分别记一点儿。

九龙瀑曲折而下，共九截，第二截最长。形式很有致，可惜瘦些。山泉大的时候，应该更可观。附带说一说人字瀑。人字瀑在温泉旅馆那儿。高处山泉流到大石壁顶部，分为左右两道，沿着石壁的边缘泻下，约略像个人字。也嫌瘦，瘦了就减少了瀑布的意味。

云谷寺没有寺了，只留寺基，台阶前有一棵异萝松，说是树上长着两种不同形状的叶子。我们仔细察看，只见一枝上长着长圆形的小叶子，跟绝大部分的叶子不同。就绝大部分的叶子形状和翠绿色看来，那该是柏树，不知道为什么叫它松。年纪总有几百岁了。

清凉台和始信峰的顶部都是稍微向外突出的悬崖，下边是树木茂密的深壑。站脚处很窄，只能容七八个人，要不是有石栏杆，站在那儿不免要心慌。如果风力猛，恐怕也不容易站稳。文殊院前边的文殊台比较宽阔些，可是靠南突出的东西两块大石，顶部凿平，留在边缘作自然的栏杆，那地位更窄了，只能容两三个人。光明顶虽是黄山最高处，却比较平坦开阔，到那里就像在平地上走一样。

我们就在前边说的几处地方看"云海"。望出去全是云，大体上可以说铺平，可是分别开来看，这边荡漾着又细又缓的波纹，那边却涌起汹涌澎湃的浪头，千姿百态，尽够你作种种想象。所有的山全没在云底下，只有几座高峰露顶，作暗绿色，暗到几乎黑，那自然可以想象作海上的小岛。

在光明顶看天都峰和莲花峰，因为是平视，看得最清楚。就岩石的纹理看，用中国画的术语就是就岩石的皴法看，这两个峰显然不同。天都峰几乎全部是垂直线条，所有线条排得相当密，引起我们一种高耸挺拔的感觉。莲花峰的岩石大略成莲花瓣的形状，一瓣瓣堆叠得相当整齐，就整个峰看，我们想象到一朵初开的莲花。莲花峰这个名称不知道是谁给取的，居然形容得那么切当。

前边说我们绕过莲花峰的西半边到文殊院，这条路很不容易走。道上要经过鳌鱼背。鳌鱼背是巨大的岩石，中部高起，坡度相当大。凿在岩石上的石级又陡又窄，右手边望下去是绝壁。下了鳌鱼背穿过鳌鱼洞，那是个天然的洞，从前人修山路就从洞里通过去。出了洞还得爬百步云梯，又是很陡很险的石级。这才到达文殊院。

从文殊院绕过天都峰的西南脚，这条路也不容易走。极窄的路介在石壁之间，石壁渗水，石级潮湿，立脚不稳就会滑倒。有几处石壁倾斜，跟对面的石壁构成个不完整的山洞，几乎碰着我们的头顶，我们就非弓着身子走不可。

走完了这段路，我们抬头望爬上天都峰的路，陡极了，大部分有铁链条作栏杆。我们本来不准备上去，望望也够了。据说将要到峰顶的时候有一段路叫鲫鱼背，那是很窄的一段山脊，只容一个人过，两边都没依傍，地势又那么高，心脏不强健的人是决不敢过的。一阵雾气浮过，顶峰完全显露，我们望见了鲫鱼背，那里也有铁链条。我想，既然有铁链条，大概我也能过去。

我们也没上莲花峰。听说登莲花峰顶要穿过几个洞，像穿过藕孔似的。山峰既然比做莲花，山洞自然联想到藕孔了。

现在说一说温泉。我到过的温泉不多，只有福州、重庆、临潼几处。那几处都有硫磺味。黄山的温泉却没有。就温度说，比那几处都高些，可也并不热得叫人不敢下去。池子里小石粒铺底，起沙滤作用，因而水经常澄清。坐在池子里的石头上，全身浸在水里，只露出个脑袋，伸伸胳膊，擦擦胸脯，湿热的感觉遍布全身，舒畅极了。这个温泉的温度据说自然能调节，天热的时候凉些，天凉的时候热些。我想这或许是由于人的感觉，泉水的温度跟大气的温度相比，就见得凉些热些了。这个猜想对不对，不敢断定。

我们在狮子林宿两宵，都盖两条被。听雨那一天留心看寒暑表，清早是华氏六十度，后来升到六十二度。那一天是八月二十九日。三十一日回到杭州，西湖边是八十六度。黄山上半部每年三月底四月初还可能下雪，十一月间就让冰雪封了。最适宜上去游览的当然是夏季。

1955年9月5日作

原载《旅行家》第9期

涿鹿的劈山大渠

我们动身以前，听说涿鹿正在修劈山大渠。怎么样劈山修渠呢？我的意想中总得不到个明晰的印象。后来到了涿鹿，参观了修渠的工地，又参观了张家口市黑石坝大渠的工地（那也是一条劈山渠），才懂得劈山修渠是怎么回事。

原来劈山渠是把渠道修在山腰里，让河水通过，好像把公路修在山腰里，让车辆和行人通过一样。在山腰里修公路，如果山岩挡住了路线，就得劈山，如果路线要经过山沟，就得把山沟填平。修劈山渠也是这样。只有一点不同，公路不妨随山势高低，渠道可得保持水平。

为什么要把渠道修在山腰里呢？因为河身低，旱地高，得不到河水的灌溉。要使河水灌溉高地，一个办法是靠机械的力量，把水引上来。另外一个办法，修一条渠道，从河道的上游引水，需要灌溉的高地多少高，选定的上游引水地点也多少高，水就从渠道里流过来。劈山渠采取的就是这个办法。

涿鹿的劈山大渠在县境的西北部，引的是桑干河的水，把水位抬高八十五米。渠道从西向东向东北，曲曲折折沿着黄羊山而去，全长八十里。需要劈开山崖二十二座，其中高达十米以上的七座。凤凰山的工程最艰巨，要把山崖打穿，让水从窟窿里通过，窟窿高四米，宽二米，长四十米，需要填平较大的山沟五十道，其中深达二十三米的两道。李家疙瘩西沟的工程最艰巨，填土高二十三米，底部宽八十四米，上面宽四十米，长八十米。全部工程需要开凿爆破的石方，需要挖填的土方沙方，共计一百一十万方。大渠修成之后，黄羊山山坡上三十三个村子的三万五千亩旱地就变为常年得到灌溉的水田。那些地一向干渴，一旦喝够了水，会发挥巨大的潜在力量。

开渠引水，灌溉旱地，早已是这个地区群众的愿望。远在三十年前，就有郭全举、宋万金二人倡议开渠，得到许多贫苦农民的支持，可是得不到反动统治者丝毫的帮助。还有个恶霸出来阻挠，就把千万人的美好愿望给摧毁了。新中国成立以后，郭宋二人联络了当地农民，自动地勘察渠线四次，向政府上了万言书，要求开渠。党和政府曾在一九五一年派人勘察渠线，认为当时农民还是个体经营着土地，要兴建那么巨大的工程，各种力量还有困难，因此，几年间只帮助农民兴建了一些中小型的水渠，利用山洪浇地。虽然如此，作用已经不小。去年涿鹿的灾情相当严重，黄羊山山坡上三十三个村子三十三个农业社，却有二十八个是余粮社，两个能够自给自足，这就是明显的证据。

利用山洪浇地，需靠下雨，要是天旱不下雨，就不能保种保收。因此，农民仍然切盼兴修劈山大渠。去年秋季，党中央和国务院发布了大力兴修水利的指示，群众就再度提出开渠的要求。县委和县人委经过反复研究，认为兴修这条大渠确是一项重要建设，在农业合作化了的今天，集体农民已经有力量兴修这条大渠，就决定领导群众开渠。勘察渠线的测量队去年十二月间出发，郭全举闻讯，带着粮票和盘费，自动地给测量队带路。他们在严寒中辛勤劳动，经过六十三天，反复测量十次，才把渠线肯定下来。动工兴修是今年三月十六日。

我们在五月二十九日到那里参观，参观的是李家疙瘩西沟的工地。工地上群众敲锣打鼓，拍手欢呼，表示欢迎。握手交谈的许多人中有三位老人，其一就是郭全举。他今年六十三岁，个子不高，看来身体还健朗，衣袖上佩着红袖章，他是指挥部委员会的成员，并担任检查主任。我们先曾听说他几十年来切盼开渠的经过，又听说今年开工以后，他的勤恳的劳动和真切的宣传，给了青年们极大的鼓舞。现在面对着他的身影，一时间我想得很多，可又说不清究竟想些什么。仿佛是这么个意思：几十年来的志愿今天实现，他的欢快是无可比拟的，就凭这份欢快，自然而然，他非当个老积极分子不可。

还有两位是刘存满、刘存桂弟兄俩，哥哥六十七岁，弟弟六十三岁。他们会做许多手艺，尤其擅长石工的活儿。大渠开工的时候，他们就要求参加，但是农业社因为他们播种的技术好，要他们留在社里。后来大渠工段上的青年们砍石头遇到困难，怕不能如期完成任务，就去请两位老将出马。哥儿俩来了，立即打开了局面，两个人刨的石头可以供十几个人挑。他们又是鼓舞青年的能手，工作抢在先，总愿意自己多做，帮助别人不遗余力，又根据自己的体会，给青年们说新社会的好处，青年们唱歌，他们也尽情地唱。握着他们的手，真叫你感动。十个手指头全都肿了，发硬，纵横的纹路深深陷下去，像裂了缝的老树干。那是前些时在寒冷的天气里刨石头搞成这样的。人家劝他们歇歇，把手治一治，他们总不肯。

我们遇见的模范人物，听见的英勇事迹，还有很多，这里不再细说。

山坡上山沟里歌声四起，劳动的人们暂时停了手，开个露天大会。郭老的话表达了我们人人心里的激动。他说："我们来这儿，拜你们为师。我们拿笔杆的人，要好好学习你们的干劲儿，使笔杆像你们的铁锹一样，发挥更大的力量。"会开得很简短，可是大家觉得挺有意思，只要看大家脸上兴奋的神色就可以知道。

山坡上的人们挖土挑土，土往下边倒。很多人不只挑两筐，一头两筐，挑一回就是四筐。山沟里的人们夯土，几个人一组，提起大圆石椎，一下一下地夯。土已经很平了，像个运动场，为的要它结实，还得夯。抬起头来望，在几层楼房高的空中横着几条铁丝，铁丝上系着红布条儿。人们指着红布条儿说，填土齐到红布条儿那儿，才是渠道的底呢。

人们又告诉我们，目前在全线工地上劳动的有二千多人，来自四十七个村子。其中十四个村子是受不到大渠的好处的，可是社员们也来参加劳动，干劲儿跟三十三个受益村子的社员一样的足。我听了就想，在今天人们对于各种劳动，从一方面说，全都看作义务劳动了,从另一方面说,也知道唯有尽量参加各种义务劳动,才真正是为我的劳动。在今天,群和我,我和群,不是起了混合作用,而是起了化合作用了。那十四个村子的社员踊跃参加修渠,就是从这样的体会来的。

参观了涿鹿的劈山大渠工地,我写了四首绝句:

来访涿鹿不怀古,劈山大渠自古无。
将见桑干上山腰,也走社会主义路。

出工之村四十七,受益之村三十三。
你受益即我受益,此义今人已熟谙。

老见开渠郭全举,渠成才回杨光荣。
刘家二老擅刨石,张雨鼓舞众英雄。

如许英雄干劲足,渠成当在预期先。
久渴之坡得沾润,从今岁岁是丰年。

这儿还得说明一下。杨光荣是个女青年,某村农业社的副主任。大渠开工,她立即向社委会要求参加,带领了二十名青年来到工地。刘家二老就是她找来的。她担任第一大队第二总队的副队长，领导方法能走群众路线，大家都拥护她。后来施工指挥部闻知她怀孕已有五个月，问到她，她死不承认，社里的同志两次要来替她，她坚决不回去。她说："多会儿大渠流下水来，我才回去哪！"张雨是一位转业军人，来到工地之后，被选为大队长。他把部队里的战斗性和纪律性带到工地上来，他那个大队行动很迅速，纪律性很强。他一方面担任大队长的工作，一方面积极劳动，总是挑最重的活儿，哪儿有困难就赶到哪儿，表现了军人的英雄气概。

　　以上的稿子是昨天写完的。今天早上看报，看见甘肃省引洮河上山的消息，工程已经在本月初开工。一千多公里长的一条劈山大渠，要穿过两千米高的崇山峻岭，要把两千万亩旱地变为水田，真是惊心动魄的消息。我看了涿鹿劈山大渠的工地，甘肃那条大渠怎么个情形也能想象得之。在这儿不适用小巫大巫的比喻，虽然规模有大小，工作有难易，但是，在党的领导下，人民已经做了自然的主人。涿鹿和甘肃是一样的。

1958年6月14日作
原载1958年6月23日《文汇报》

闽游所得

我曾到福建省参观,时间是十月下旬,十一月上旬。所经沿海平原地区,稻穗沉重低垂,弥望黄云,纯是丰收景象。要不是到处听人述说,谁也不会觉察今年曾经跟特别严重的干旱较量过一番,终于群力胜天,取得了伟大的胜利。

今年福建省的干旱是相当严重的。从去年秋后到今年夏收将届,一连两百多天没下过一场透雨,有的地区是一连两百八十天。许多地方山泉枯了,溪流断了,水库干了,甚至人畜饮用的水要到很远的地方去挑。在这样情形之下要抗旱保苗,在旧时代是绝对做不到的,唯有社会主义的时代才能轰轰烈烈地干起来,才能在大旱之年仍然完成全省的粮食生产计划。

抗旱保苗当然要靠物质条件,如溪流和水库,各种排灌机械和器具,都是物质条件。但是尤其重要的是人,必须人人一条心,立下坚定的意志,一定要战胜干旱,才能适当地利用各项物质条件,并且开动脑筋创造出新的物质条件。在抗旱初期，虽有极少数的人信心不足，或者以为人力怎能抗天，但绝大部分的公社社员可不这么想，他们相信人定可以胜天，群力强大无比，自力更生定有办法。在这个场合，政府的领导最关重要。领导不是什么下一道命令的事，而是摆事实，讲道理，辨利害，使大家彻底想通，真正受到教育的事。经过教育，少数人的错误想法纠正了，绝大部分人的想法凝成一股巨大的力量，于是近乎奇迹的事也干出来了，种种新的物质条件也创造出来了，总之要让庄稼得到灌溉，能多浇一亩就多浇一亩，至于人力，反正有意志坚定的广大人民群众在。领导者不仅对群众进行教育，他们既然坚信抗旱可以取胜，就以身作则，跟群众一起抗旱。如旱情最严重的龙溪专区，省、专区、县、公社的工作队和大队的主要干部共一万多人，参加抗旱劳动的占到百分之九十以上。这是"不言之教"，对群众是无可比拟的鼓舞，能够这样，任何艰难都不难克服，当然是抗旱取胜的一项重要保证。

在抗旱斗争中，群众表现出来的精神面貌非常可贵，宁愿把方便让给别人，把困难留给自己。这在旧时代是很难设想的，是历年来社会主义教育的结果。群众真切地体会到个人得利不算得利，大家得利个人必然得利，识见深了，气度也就大了。这儿简略地说一说榜山公社的事。今年春耕时节，漳州的旱情非常严重，有七个公社的将近十万亩稻田没有水溶田，不能插秧。只有一个办法，要堵住九龙江的西溪，使江水改道，才能溶这将近十万亩的稻田。但是江水一改道，紧靠江边的榜山公社就有一千三百亩低田受淹，其中三百多亩种的小麦，已经抽穗，三十多亩是秧田，此外是稻田，全都施了基肥了。简单一句话，江水一改道，榜山公社要吃很大的亏。你猜榜山公社的干部和社员怎么说？他们说："淹掉我们一千多亩田地，换来将近十万亩的好收成，这是'舍卒保车'，值得！如果那十万亩插不上秧，我们每块田里都结金子也补偿不了这个损失。"请想想，这是大伙儿说的话，是比金子还要贵重的话，表现出新社会最高尚的精神。他们不仅同意淹没社里的一千三百亩田地，还抽出劳力和船只来参加堵江截流的斗争，江堵住了，又组织劳力疏通渠道，加快江水的流通，使那几个公社得以赶早溶田，赶早播种，并且抽出抽水机和耕牛来支援他们，使他们耕种得更快。这样一来，那十万亩全插上秧了，"车"是保住了，榜山公社的干部和社员又立下决心，要来一个"保车又不丢卒"。于是奋力排水，赶紧抢种，又是一场紧张的斗争。别的公社也来支援他们，劳力、耕牛、肥料、种苗，一应齐备。结果一千三百亩受淹的低田全插上了秧，时间还不嫌晚，果真做到"卒"也没丢。听了这样的述说，想想这样的情景，谁能不深受感动，淌出欢喜的泪来？自古以来的人从未达到过的精神境界，如今有这么多的干部和社员行所无事地达到了，怎能不欢喜？

今年遭到干旱的威胁的不只是福建一省，湖南、江西、云南、贵州、广东、广西都有不同程度的干旱。还有好些地区遭到洪涝，最严重的是河北省。从报上的报道和各地朋友的述说，可以知道各地的自然灾害虽然情形不尽相同，可是群众抗灾的精神相同，全都相信人定可以胜天，群力强大无比，自力更生定有办法。还有相同的是大家动脑筋，出力气，千方百计跟自然灾害斗争，自然灾害务欲破坏人们的生产，人们却坚决不让它破坏，结果是农产不至于降低，好些地区还得到丰收。还有相同的是领导者能以身作则，参加到抗灾的最前线，在思想意识和劳动技术上具体地领导，对群众起了极大的鼓舞作用。还有相同的是榜山公社那样的高尚精神，几乎各地都有所表现，或是个人，或是集体，他们在实际行动中务欲利人，甚至利人而不顾自己，都认为这是尽本分，应该这样做。

我想，在当今的时代，在我们这样的社会里，任何艰难都不足以难倒我们了。自然灾害本是挺坏的事，可是自然灾害使群众从实践中相信人定可以胜天，使群众找到许多抗灾的窍门，练成许多生产的本领，使群众更加团结一气，心心相通，亿万人像一个人，那么自然灾害果真是挺坏的事吗？似乎可以这么说，不遭到自然灾害当然好，遭到了也不坏，因为我们从而得到磨砺，就会变得更坚强，更有力。想到这里，不禁兴奋莫名，愿意把这一点意思写下来，告诉侨居国外的亲爱的同胞。

1963年12月6日作

原载中国新闻社

看 月

　　住在上海"弄堂房子"里的人对于月亮的圆缺隐现是不甚关心的。所谓"天井",不到一丈见方的面积。至少十六支光的电灯每间里总得挂一盏。环境限定,不容你有关心到月亮的便利。走到路上,还没"断黑"已经一连串地亮了街灯。有月亮吧,就像多了一盏灯。没有月亮吧,犹如一盏街灯损坏了,没有亮起来。谁留意这些呢?

　　去年夏天,我曾经说过不大听到蝉声,现在说起月亮,我又觉得许久不看见月亮了。只记得某夜夜半醒来,对窗的收音机已经沉寂,隔壁的"麻将"也歇了手,各家的电灯都已熄灭,一道象牙色的光从南窗透进来,把窗棂印在我的被袱上。我略微感到惊异,随即想到原来是月亮光。好奇地要看看月亮本身,我向窗外望。但是,一会儿月亮被云遮没了。

　　从北平来的人往往说在上海这地方怎么"呆"得住。一切都这样紧张。空气是这样龌龊。走出去很难得看见树木，诸如此类，他们可以举出一大堆。我想，月亮仿佛失掉了这一点，也该列入他们认为上海"呆"不住的理由吧。假若如此，我倒并不同意。在生活的诸般条件里列入必须看月亮一项，那是没有理由的。清旷的襟怀和高远的想象力未必定须由对月而养成。把仰望的双眼移到地面，同样可以收到修养上的效益，而且更见切实。可是我并非反对看月亮，只是说即使不看也没有什么关系罢了。

最好的月色我也曾看过。那时在福州的乡下，地当闽江一折的那个角上。某夜，靠着楼栏直望。闽江正在上潮，受着月光，成为水银的洪流。江岸诸山略微笼罩着雾气，好像不是平日看惯的那几座山了。月亮高高停在天空，非常舒泰的样子。从江岸直到我的楼下是一大片沙坪，月光照着，茫然一白，但带点儿青的意味。不知什么地方送来晚香玉的香气。也许是月亮的香气吧，我这么想。我心中不起一切杂念，大约历一刻钟之久，才回转身来。看见蛎粉墙上印着我的身影，我于是重又意识到了我。

那样的月色如果能得再看几回，自然是愉悦的事，虽然前面我说过"即使不看也没有什么关系"。

游中山陵记

到了南京的第二天，我们去游中山陵。

中山陵在南京城东北的钟山南面，靠山建筑，从远望去，整体像只钟。常绿树整整齐齐地排列着，受着阳光的照耀，现出亮绿色。

到了陵下，我们一级级踏着石阶上去。洁白的石阶修得很平整，每隔多少级就有一个平台让人休息。石阶四百级不到一点，我们没有休息，一口气走到了顶上。大家喘得非常厉害，两条腿僵僵的，不像是自己的了。

我们歇了一会儿，就走进祭堂。祭堂建筑得非常精美，地上和墙上都砌着最好的大理石。正中是孙中山先生的坐像，他庄严地慈爱地看着我们。

祭堂的北墙上，两扇铜门关着，里面就是孙中山先生的墓室了。

1934年写毕

选自开明初小国语课本第六册

浙江潮

我们从杭州乘汽车出发,行驶一个半钟头,经过海宁城,到了八堡;这段路程共五十四公里。时间正是十二点三十分,潮还没有来。江岸上看潮的人却已经聚得很多,男女老少都有;各种色彩、各种式样的服装,在晴明的阳光中显得鲜艳悦目。前面是缓缓流动的一江水。

我们沿着石塘走。看浙江省政府所立的石碑,知道这叫做"溪伊斜坡石塘",是十九年七月完工的。溪伊大概是这里原来的村名;现在称八堡,因为从杭州起划分沿海区域,到这里是第八段的缘故。石塘作凹字形,为的减轻浪潮的冲激力;据说以前这里的旧塘曾被大潮冲坏,淹没了不少的田地和房屋。

十二点四十五分,忽然听得隆隆的声音,好像很远的地方有个工厂正开动着机器。"来了!来了!"塘上的人一齐伸长了脖子向远望。只见水天相接的地方涌起一条白线,江水却还是缓缓地流动。然而一转眼间,那声音就变得非常强大，轰轰地，布满空间，使人屏住呼吸不敢做声。潮头已在前面不远的地方了，仿佛兵士排着队伍，穿着雪白的服装，滚滚地直向石塘扑来。这是南潮，潮头四五公尺高。同时东面又突起一个潮头，像一大纵队的兵士急奔直进，和南潮正交，成丁字形。互相冲激的结果，潮头涌起得更高了；声音也更大，好像地球上立刻会有什么大变动到来似的。

南潮先到岸，用巨大的力量横拍石塘；浪花直溅，像积着雪的树，像美丽的小冰山。江面完全皱了，颜色转暗，白泡沫急速地跳荡着。东潮紧跟在南潮的后头，高达七八公尺，忽起忽落，像千万骑兵冲锋奔来，斜掠着塘角。东南两潮这样地冲撞着，攻击塘岸，共有十多次，才一齐向上游涌去。明明就是这一江水，然而和先前大不相同了，它奔腾，它呼号，气势可以吞没一切，谁还记得它缓缓流动的旧面目。

我们看出了神，大家都没有话说，只有兴奋的眼光互相看了一眼，仿佛说："这就是浙江潮呀！"

1934年写毕

选自开明高小国语课本第三册

海上的朝阳

我每天在舱房里醒来,就走到甲板上,靠着栏杆望。那时候天还没有大亮,只显出很淡很淡的蓝色。周围非常的静,只听得船中机器的声音。

忽然间,天边出现一道红霞。那红霞的范围渐渐扩大,光亮也渐渐加强。我知道太阳要从那边升起来了,就一眼不眨地望着那边。

小半个太阳果然在那边出现了,是大红的颜色,没有光芒。它慢慢地向上升,好像负着什么重担,很费力气似的;终于给它冲破了云霞,完全跳出了海面。那颜色红得更鲜艳了,看了有一种说不出的欢喜。转眼间,这大红的圆球忽然射出耀眼的光芒,叫人不敢正对着它看,近旁的云也被染上了光彩。

有几天,太阳隐到了云背后,它的光芒却从云里透出来,直射到海面上。这时候只看见一片光亮,海和天在哪里分界,就很难辨别了。

又有几天,天边有很厚的黑云,太阳升起来也看不见。然而太阳在黑云背后放射它的光芒,给黑云镶上了一道光亮的金边。到后来才慢慢地升起来,在天空出现,把黑云染成了紫色或者红色。一霎时,不只是太阳,不只是云,不只是海,就是我,也成了光亮的了。

1934年写毕
选自开明高小国语课本第一册

完全是春天

太阳光从窗外射进来。在光当中,看得见极细的微尘在那里浮动。一股暖气熏得我周身舒服;过了一会儿,竟觉得热烘烘了。

一阵清香拂过我的鼻子边。摆在桌子上的一盆兰花有三朵开了。碧绿的花瓣,白地红斑、舌头一般的花蕊,怪有趣的。兰叶的影子描在白墙头上,就像画幅上画着的图。

我走到庭前。看见石阶旁边的一个泥洞里出来三个蚂蚁。它们慢慢地前进,走了一段就停一停,仿佛在那里探路。又有一个蚂蚁出来了。它独自爬上石阶,在太阳光中急速地前进。

什么地方传来蜜蜂嗡嗡的声音?我抬起头来找,找不见。可是听到了这声音,就仿佛看见了满山遍地红的白的花。

我走出了大门。细细的柳条上,不知什么时候染上了嫩黄色。仔细看去,说它黄也不对,竟是异样可爱的绿。轻轻的风把柳条的下梢一顺地托起，一会儿又默默地垂下了。

柳树下的池塘里，鱼儿好快乐呀！成群地游到这边，游到那边。白云和晴空，以及柳树的影子，都在水中轻轻地荡漾。一幅活动的画图！

我深深地吸了一口气，不自主地说："完全是春天了！"

1934年写毕

选自开明初小国语课本第八册

风景片《黄山》解说词

看!连绵不断的山脉,到处有悬崖绝壁,狭沟深谷,从山脚到山顶,植物的种类那么丰富,底下有副热带的植物,高头有寒带的植物。

峰峦的姿态,岩石的纹理,林木的映衬,全是绝妙的天然图画,美术家从这儿得到启发,一般人也可以提高审美的眼力。

这是我国著名的风景区——黄山。黄山在安徽省的东南部,歙县的西北。

天都峰、莲花峰是黄山主要的山峰,高出海面一千八百多公尺。

这叫始信峰。

这叫石笋岗。矗起的小峰像竹林里长出的新笋。

黄山,吸引着爱好大自然的人们,研究地质的,研究植物的……

锻炼体格练习爬山的,从全国各地来到这儿。

这个山峰像传说里的鳌鱼,它的嘴张得那么大。

悬崖上的那块石头像只猴子,它静悄悄地守望着富饶的田地。人们叫它"猴子望太平",因为那片田地属于太平县。

山道那么陡峭,天都峰顶又让浮云遮没了,可是青年们个个精神百倍,看他们轻健的脚步。

这儿叫"鲫鱼背"。要上天都峰顶必须通过这个险峻的山脊。任何险峻的处所,阻挡不了勇敢的青年。

他们到了天都峰顶了。常言道"登高可以望远"。登得越高,望得越远,眼界越开阔。

这山谷多么深啊!深谷里长着茂盛的林木。

这儿叫百丈台,峭壁上泻下来的瀑布。

清清的溪水,流过岩床,流入深潭,再慢慢地往下流去。

他们又到了始信峰顶了。

这儿叫清凉台。下边是深谷,望出去,黄山北部和西部的山峰都在下边,所以是看云海看朝霞晚霞的好地方。

傍晚的阳光斜照岩壁,白云布满山谷。

美丽的晚霞。晚霞映衬,松林如画。

初出的太阳,慢慢地升到云海上,放出灿烂的光芒。

山顶上,山谷里,树林边,全都有朝雾在飘动。

黄山高处的松树特别引人注意,那平齐的树顶,那密集的松针,那平伸而稍为向下的树枝,构成苍劲古拙的美的形象。

古松背后的山峰,像一朵含苞未放的莲花,叫莲花峰。

这棵松树伸出长长的枝干,好像要跟游客们握手似的,是有名的迎客松,据说它的寿命已经有一千多岁了。

这些苍翠的松树,给黄山增添了秀色,也给美术家提供了画材。

这是一所新修的休养所。休假的工人,远道的游客,在这里住下,可以得到安适的休息。

看!这就是黄山的云海。重重叠叠的峰峦,全都给白云掩没了，只露出几个尖尖的峰顶，像大海里的岛屿。

云海面上并不到处都一样，有几处起着又细又软的波纹。有几处涌着水花飞溅的浪头，这就像个真正的大海。

我国风景区很多，黄山是最著名的风景区之一。黄山的奇特的峰峦，苍翠的松树，洋洋大观的云海，都足以开拓人们的心胸和眼界。

凡是到那里去休养，去游览的，在跟大自然亲近一番之后，将会有更多的生气和活力，将会更好地工作和学习。

1955年11月9日作

从《扬州园林》说起

一九五六年,同济大学建筑系印行陈从周教授编撰的《苏州园林》。我汇去五块钱购得一册,随时翻看,非常喜爱。苏州园林多,这许多摄在相片里的园林,大部分我没到过,可是最好最著名的几个,全是我幼年时经常去玩的。拙政园、沧浪亭、怡园、留园、网师园,几乎可以说每棵树,每道廊,每座假山,每个亭子我都背得出来。看了这几个园的相片,仿佛回到了幼年,遇见了旧友,所以我喜爱。相片中照的虽是旧游之地,又好像从前没有见过这一景,于此可见照相艺术的高妙,所以我喜爱。每张相片之下题着古人的词句,读了词句再来看相片,更觉得这一景确乎是美的境界,所以我喜爱。可惜的是词句之下没有标明是谁的词句,什么调。再则相片之外还有测绘精确的各个园的平面图,各处亭台楼阁的平面图或立面图,以及窗棂、花墙之类的精细图案,这些是我国古建筑史的珍贵资料,虽是外行也懂得,所以我喜爱。还有一点,这本图册不是陈从周教授个人的著作,是他带领建筑系的同学出外实习的产物。这样的实习是最好的教学方法,最合于教育的道理,所以我喜爱。

过了十八年,我跟从周开始通信。这才知道他善于绘画。承他画了好多幅梅兰松竹赠我,我在一九七四年十二月间回敬他一阕《洞仙歌》,现在抄在这儿。

园林佳辑,已多年珍玩。拙政诸图寄深眷。想童时常与窗侣嬉游,踪迹遍山径楼廊汀岸。今秋通简札,投赠招琼,妙绘频贻抱惭看。古趣写朱梅,兰石清妍,更风篠幽禽为伴。盼把晤沧浪虎丘间,践雅约兼聆造形精鉴。

到现在十年了,十年间虽然晤谈好多回,同游沧浪亭和虎丘的愿望可没有实现。

去年,《苏州园林》在日本重印了。新加坡周颖南先生从日本买了,寄一册赠与我。内容跟旧本全同,装订比旧本好。经过了将近三十年,旧本大概很难找到了,把它重印是必要的,因为它是有用的书,不是泛泛的书。

最近突然接到从周寄赠的上海科学技术出版社出版

的《扬州园林》，在我可以说又惊又喜。为什么惊？因为他又编成了《扬州园林》，今年可以出版，一个字也没跟我提起过，突然来了这样一本《苏州园林》的姐妹篇，印刷装订都挺精美，还有十几张相片彩色精印，是《苏州园林》所没有的，怎么能叫我不惊呢？

我第一次游扬州在二十年代，最初的好印象就是诗词中常用的"绿杨城郭"四个字。那么柔和茂密的葱绿的垂杨柳在春风中轻轻翻动，从来没见过，感到没法说清楚的美。后来又到过扬州三四次，都跟第一次同样匆匆，所以除了瘦西湖中及其周围的若干必游处所，扬州的名园一个也没到过。现在有了这本《扬州园林》，我可以从从容容"卧游"了，因此越发感激从周寄赠此册的厚意。

《扬州园林》中有从周撰写的一篇概说，小字密排，两万多字。我视力极度衰退，没法看，想让孙辈念给我听，他们不得空闲，所以至今还没听见这篇概说。可是从周的《说园》五篇却是我自己看的，每天看十来页，持之以恒，居然看完了。因为那是《同济大学学报》的抽印本，大字楷书，我还能对付，把它看清。这五篇《说园》是从周对造园艺术的全部思想的表述，他的哲学、美学、建筑学的观点全都包容在里面。如今在全国范围内，不是正在整理名胜，修复古建筑吗？他写这五篇《说园》的用意，就在使主其事的人懂行，知道为什么要整理和修复，该怎样去整理和修复，庶几不至于弄巧成拙，把好事办成坏事。因此，我以为这五篇《说园》是有心人的话，并非偶然兴到的漫笔。至于看得见的具体例子，则有《苏州园林》《扬州园林》两本图册在。图册跟《说园》交相为用，彼此参看，对整理和修复必然更有益处。因此我想向关心整理和修复的人进言，你们既然爱看苏州、扬州两本图册，请同时阅览从周的五篇《说园》。

我久已想向从周贡献些意思，因为头绪多，不容易想清楚，整理得有条有理，至今还没写出来。现在我想，等待完全想清楚，整理成条理，不知将在何年何月。不如把想到的随手写些出来，写错了将来再改，写乱了将来再调整，岂不是好。因此，下文就写这些不成条理的想头。

扼要总说一句其实也不难，难在分疏细说，说得明畅透彻。姑且先扼要总说一句：我恳切盼望从周在拍摄、测绘古园林，为整理和修复古园林尽力之外，凭他的哲学、美学、建筑学的观点，为大众造园；所谓大众，包括各地的居民和来自国内国外的旅游者。

我想，如苏州、扬州的那些名园，原先都是私家所有，不是为大众修造的，当然不为大众考虑。因此，那些园只宜于私家享受。大众去游览，要感到娱目赏心，得到美的享受，就未必做得到，大多只能做到"到此一游"而已。

私家造园，当然只须为私人着想。宾朋雅集，举家游赏，估计一百人大概差不多了。游人少，园小也见得宽舒。在宽舒的环境里，站在适当的地点，凭审美的眼光观看，就能发现这儿有佳景，那儿也有佳景。从周两本图册里的那些相片所以特别难能可贵，就在于在那些园林全归公有，其中几个名园的游人成千上万的，近三十年间，竟能够像独个儿游园似的，从从容容地凭他的审美观点，随处发现佳景，随时对准镜头，摄成那么多的精美相片。我料想多数游人未必能够如此。在挤挤攘攘之中，预防碰撞照顾同伴还来不及，即使有审美的素养也顾不到审美了。带了照相机的人也难办。一则在扰攘之中无从审美。二则即使能在意想排除其他游人，发现美景，实际上又怎么能排除呢？照不成好相片也无关紧要，紧要的是游园而没有得到应得的享受。——以上是我以为古名园不甚适宜于大众游览的一层意思。

再就古名园不甚宜于大众游览加说几句。古名园的亭台楼阁、厅堂庭院以及假山回廊、九曲桥之类不宜于大众的挤，厅堂里的那些椅子凳子不适于也不够供大众的坐。无论厅堂的面积多么大，川流不息的人群在里面流过，谁也不容停一停步，挤进去了就挤出来，这有什么意思？厅堂里的那些椅子凳子全是上好木材，精巧工致，大多标明"请勿坐"，有的园不标明，由谁去坐呢？我一向有个感觉，古人制造那些讲究坐具，抱的是"为坐具而坐具"的观点，讲究的是构图的繁简，雕琢的精粗之类，坐上去身体舒泰不舒泰，那是不考虑的。说得明白些，那些讲究坐具坐上去并不舒泰，不如现今的藤椅和沙发。

以下再说一层意思。古名园往往要求"万物皆备于我"。"万物皆备于我"，就一方面说，是挺高妙的一种思想境界；就另一方面说，却是私有欲的表现，私家园林之所以为私家园林，富绅豪商和皇帝的私家园林都如此。为了要求"万物皆备于我"，往往出现不配称的布局。厅堂前面或后面堆起一座假山，不怎么大的荷花池旁边来一艘旱船，就是例子。厅堂和假山，荷花池和旱船，拆开来看都不错，合起来看就见得不呼应，不谐和。这对于如今的游览大众是不甚相宜的。有的人看了以为这样布局就挺美，有的人看了不免怅然，心里在摇头；这在供应大众以又适当又充分的美的享受以及逐步提高全社会的精神文明这两点上，都不免有所欠缺。

关于假山，在这儿我想说几句。现在为大众造园，只须因地制宜，不要求"万物皆备于我"，没有真山就不用堆假山。莫说堆假山的好手不容易找，假如有，在整理和修复古名园的工作中就大有好手用武之地。

外行话说得不少了，应该就此打住了。我恳切盼望从周为大众造园，想到两个具体的项目，现在就写出来，其实也不可能不是外行话。

一个项目是，以太湖周围为范围，在不征用或尽少征用农田的前提下，挑选若干地点，兴建游览区，供大众享受。一切利用自然而加以斟酌修正，务求有益于大众的身心。如果在游览区修建旅舍，应该显示出当地建筑的特色；而饮食起居和供应服务各方面务必专心致志为游览的大众着想，使他们心里真个满意。千万不要修建火柴匣式的高楼。那是大城市不得已的产物，我不知道住在里边是什么滋味。我从相片或电视中看，无论单座高楼或多座高楼。总之感到这是大城市异常的丑。咱们太湖周围的游览区不能学它。

再一个项目是，在调查研究的基础上，分成若干类型，按类型为各地农村绘制两种设计图案，一是住房的设计图案，二是屋前屋后园圃的设计图案，以供广大农民采用。如今各地农民逐渐走上富裕的道路，他们不但要求有足够的房子住，还要求住得舒服，生活上精神上更感到愉快。为了这一点为农民服务，设计制图，真可谓无量功德。至于屋前屋后的布置，经过专家的考虑，可能做到更经济更美，也不是无关重要的细事。这个项目好像不是造园，其实是广义的造园。

以上说的两个项目，当然要由从周带领同济大学的同学们共同去做。那么，这样做是最高明的教学方法，同时又是最踏实的教育实践。

从周精力充沛，不怕多事，学力和经验两扎实，看了我提出的两个项目，想必会有跃跃欲试的意思。可惜我说得不透彻，欠具体，通篇看来，更见得杂乱无章。用这样的拙作来报答从周寄赠《扬州园林》的厚意，就从周方面说，与拙词《洞仙歌》里的句子正相反背，可谓"投琼招甓"了。

1983年7月12日作

《倪焕之》节选

一个低低的门通到农场。脚下是煤屑平铺的五尺来宽的步道。两旁一畦一畦高高矮矮的完全是浓绿的颜色。西瓜象特地点缀在那里似的，那么细弱的藤叫人不相信会结那么大的瓜。黄瓜藤蔓延在竹架子上，翠绿的黄瓜挂着，几乎吻着地面。向日葵朝渐渐下落的太阳低垂着头；叶子是一顺地軃①着，晒了一天，疲乏还不曾苏醒呢。玉蜀黍从叶苞里透出来，仿佛神仙故事里的小妖怪，露出红红的头发。毛豆荚一簇一簇地藏在叶子底下，被着一层黄毛。棉已开着黄花，有如翩翩的蝶翅，将来果实绽裂，雪白的棉絮就呈现出来了。……靠右两棵高柳下的一区种着玩赏的花草。白的、红的、深红的波斯菊仿佛春天草原上成群乱飞的蝴蝶，随着风势高起又低下。茑萝爬上短短的竹篱，点点的小红花象一颗颗星星，又象一滴滴血。原议迁去而终于没有迁去的坟墓

---

① 軃（duǒ）：下垂。

就围在竹篱里面。上面种着蜀葵、秋葵之类茎干较高的东西,也就把死寂的气象掩没了。篱外五尺见方一块地齐整地栽着各色凤仙和老少年;颜色娇嫩的花叶组织成文,象异域传来的锦毯。旁边排列着几百支菊秧,都是三张瓦片围一堆泥,中间插一支菊秧;这到秋来,将有一番不输于春色的烂漫景象呢。

1928年11月15日写毕

《游泳》节选

　　学校的后面是个农艺场,由学生在那里耕作。场中一株三丈多高的银杏树巍巍地站着,倔强的枝干缀着扇形的小叶子,大有神秘的意味,仿佛一个巨大的灵怪。畦间满铺着西瓜的藤和叶,注意看时,随处可以发见小皮球大的西瓜藏在叶子底下。沿河的一角种着玉蜀黍,长得高高的,一株株互相挨挤地挺立着。

　　那条河足有三丈开阔;河水活活地向西流去,注入离这里六七里的一个大湖。不论谁来到这里,看那流水又清明又活泼,总感觉一种愉快。对岸是一片草地,耕牛常在那边吃草;同时是农家孩子的乐土,他们躺下来打滚,象在厚而软的衬褥上,嘴里唱着村间的情歌。远处是几个农村,丛树和屋舍密集重叠,大有郁郁葱葱的气象。衬在后面的是一抹远山,淡淡的,若隐若现的,正象山水画里所常有的。

1923年7月18日写毕

《在民间》节选

  过了整齐的市街,道路就很不平,大块小块的石头抵着车轮,车身只管左右颠动。焦灼的太阳直射下来,四望一切,都象僵化了似的;这边那边的厂屋,小株大棵的树木,乃至路旁的丛草,泥潭里的积水,没有一样动一动的。来往车辆很少,行人也不多见。有几所空关的破屋门前,躺着几个几乎完全裸体的叫化子,睡得很酣然。车夫背上的汗滴汇合下流,一条条的发着亮光。

1925年11月29日写毕

《晨》节选

　　黄狗站在桥上，挺直脖子一连地叫，声音如作于大空坛中。它的一双眼睛钉住桥堍那人家当街的窗。

　　窗共六扇，是白木抹桐油的，染上积年的灰尘，就成黑色；而且接榫地方也松了，仔细地看，可以看出已成斜方形；又有条条的裂缝。靠右的两扇笔直开着。淡青色的晨光使桥头的一切，如石栏干，柳树枝，一带参差的房屋，一条石子路等等，现出明显的轮廓；漫衍到开着的两扇窗子之内的晨光却还微弱，望去只见一方昏暗。

　　桥下泊着的低篷船里冒出青烟来了，没有风，轻轻地往上袅，与倒垂的嫩柳条纠结起来。

1926年2月1日写毕

《微波》节选

一天早上,隔夜的毛毛雨虽然止了,空中还弥漫着潮湿的雾气。穿着棉衣的人在这涂满了泥浆的路上往还,两脚须得特别拧着劲儿,还要留心旁边的车辆,不要被急转的车轮溅了半身泥,因此很觉得热烘烘地,从背心而大腿,往下直传到十个脚指头。但是一阵看不见的风拦过来时,谁也不能硬挺着不缩一缩脖子,总觉至少得加一件坎肩。

疲倦的警察挟着油布大褂在那里发呆,一只脚踏在烟纸店的阶石上。烟纸店里的老板娘伛着上半身,用湿布拭去柜台外面的泥迹,这是如飞而过的汽车的成绩。她的刚梳过的头顶光滑到分别不出头发的一丝丝,同前刘海分界的一条白痕十分明显,略微有香油的气味散开来,——警察的发呆,或许就为这个。对面是一家油盐店,有帐桌先生在那里拨算盘珠的声音。

1926年3月13日写毕

《夏夜》节选

　　这正是苏州河落潮的时候。各式的船舶似乎胶住在河底,一动不动,只历乱地闪着灯光。桅樯帆索纷纷矗起,倒映河里,现出模糊的短短的影子。远处浮来一种昏昏的嚣声,中间夹着时而驶近的电车声,却更见得这河旁一带的寂静。靠码头一根高杆上一盏电灯,强度的光把周围照得白亮,也增加周围好些的热度,天气热极了,在露天,白昼升到一百二三度,现在虽然是晚上十点过了,也还有九十一二度的样子。丝毫没有风,扑面而来的只是火炉里发散出来似的热气。天空是无尽头的碧海一般,发光带红的星粒犹如海怪的眼睛,一眨一眨地在笑人间的苦热。

1926年8月19日写毕

卖花女

这一幅画,题目叫做"卖花女",丰子恺画的。

一个女孩子在小巷中向前走:右手拿着花朵;臂弯里钩住一只花篮,平铺着无数的花。她的左脚跨在前面;从后面的姿态看去,知道她的脸略微仰起。大概是一边走着,一边正喊着:"谁要买鲜花!"她穿着有深色格子的背心;发辫蓬松地垂着;几绺(liǔ)散乱的短发在耳朵边飘拂着。

她的右边有一条花狗,竖起耳朵,弯起尾巴,很有兴致的样子,似乎要跑到她的前头去。

两旁都是楼房,门窗关着,想来时候还很早吧。右旁房子的晒台上横着三根竹竿,很空闲的样子,还没有晾什么衣裳。左旁一所房子的烟囱却吐烟了,烟缕袅(niǎo)袅地升到天空去。

只有右旁一家的门开着。门前站着一个妇人,牵着个小孩子。妇人望着卖花的女孩子,好像在那里等她过去。小孩子昂头望着妇人,似乎有什么要求的样子。他要妇人抱他呢,还是要拿几朵鲜花呢?却无从知道了。

小巷的尽头是一座低的墙。墙头上伸出一棵柳树,柳条软软地挂下来,叶芽很稀。大概还是早春的时令吧。柳树上方漫着远空的云气。

墙下向右去似乎有路。卖花的女孩子也许要在那里转弯过去。也许不等到她转弯,两旁的窗子开了,露出好几个欢迎鲜花的脸儿来。那就另是一种景象,和这一幅画的静寂趣味大不相同了。

白马湖的冬天

到了冬天,我们住的白马湖常常刮风。风呼呼地叫着,好像老虎咆哮。我们的房子很简陋,风从门窗的缝儿中透进来,分外尖利。把那些缝儿用厚厚的纸糊了,风还是能从椽缝中钻进来。

风刮得厉害的日子,天还没有黑,妈妈就把大门关上了。全家吃过晚饭,索索地凑着煤油灯光,各做各的事:看书,做针线;温习功课,写寄到别处去的信。这时候,屋后山上的松林中送来波涛一般的声音,好像和门前湖水的激荡声比赛似的。听着这些声音只觉得寂静,宛如在荒凉的孤岛上。

我们家面对着宽阔的湖,没有什么东西遮挡。我们看太阳和月亮从东边山上升起来,直看到它们向西边山后落下去。在太阳好的日子,只要不刮风,就会暖和得不像冬天。全家人坐在院子里晒太阳,甚至连午饭也在院子里吃,像夏天吃晚饭一样。人随着太阳光移动,太阳光晒到哪里,就把椅子移到哪里。连鸡和猫也来凑热闹，尽缠绕在我们的脚边。忽然之间刮风了，我们只好逃难似的各自带着椅子逃进屋里，急急忙忙把窗子关上。平常刮风大概从傍晚的时候起，到半夜里就停了。至于刮大风暴，那就整天整夜地呼啸着，要两三天才停止呢。刮着风、天气冷得最厉害的时候，泥地看去好像铺着水泥，山色冻得发紫、发暗，湖上的波涛泛着深蓝色。这些仿佛是风的特别的标记，在没有风的时候，一切就不是这个样子。

1934年写毕

选自开明高小国语课本第一册

孙中山先生的故居

孙中山先生的故居在广东中山县属的翠亨村。那翠亨村是个好地方，前面一片平田，后面和右边围着茂盛的树林，左边是山，高峰叫做犁头尖。如果从远处望去，就见那村子左右都给连山抱着，一层一层的山峰，淡青衬托着深青，宛如图画一般。

游人坐汽车到了翠亨站，就望见孙先生的故居。那是一座小小的西式楼房，非常朴素。楼前一个庭院，有短短的墙围住。宅门开在靠西的围墙正中，直对着一座树林。一棵老榕树在许多松柏顶上伸出来，气根被风吹动，飘呀飘地，像老年人的长胡须。

那座房子大概是在民国前二十年的时候盖的，是孙先生亲手打的图样。盖了之后，因为要干革命工作，他常常奔走四方，住在那里的日子很少。那座房子连同那个村子受满清政府的官吏和兵丁糟蹋，不知有多少次。现在，正屋挂着孙先生先人的遗像，两边墙上有孙先生给子侄辈题的字楼上房间里，照旧陈列着孙先生当时用的那些床帐、笼墙上是孙先生二十岁时候的一张相片，精神饱满，一望而知是个能够做大事业的青年。

翠亨村里很多孙先生的遗迹。哪几段路由他出力修过，哪一些树是他亲手栽培，哪几棵大树，他幼年时常常爬上去玩的，哪一条小溪，他曾经在那里练习游泳：村人都能一一指点，告诉特地去参观的游人。

1934年写毕

选自开明高小国语课本第二册